EDUARDO GOMES DE MATOS

A NOVA GESTÃO

Copyright© 2021 by Literare Books International.
Todos os direitos desta edição são reservados à Literare Books International.

Presidente:
Mauricio Sita

Vice-presidente:
Alessandra Ksenhuck

Diretora executiva:
Julyana Rosa

Diretora de projetos:
Gleide Santos

Relacionamento com o cliente:
Claudia Pires

Capa, projeto gráfico e diagramação:
Gabriel Uchima

Revisão:
Rodrigo Rainho

Impressão:
Gráfica Paym

Dados Internacionais de Catalogação na Publicação (CIP)
(eDOC BRASIL, Belo Horizonte/MG)

M433n   Matos, Eduardo Gomes de.
    A nova gestão / Eduardo Gomes de Matos. – São Paulo, SP: Literare Books International, 2021.
    200 p. : 14 x 21 cm

    ISBN 978-65-5922-167-7

    1. Administração de empresas. 2. Liderança. 3. Sucesso nos negócios. I. Título.

CDD 658.4

Elaborado por Maurício Amormino Júnior – CRB6/2422

Literare Books International Ltda.
Rua Antônio Augusto Covello, 472 – Vila Mariana – São Paulo, SP.
CEP 01550-060
Fone: (0**11) 2659-0968
site: www.literarebooks.com.br
e-mail: contato@literarebooks.com.br

SUMÁRIO

PREFÁCIO:
GÊNIO SEM ANEL 9

CAPÍTULO 1:
NOVO MERCADO, NOVAS TECNOLOGIAS, NOVA GESTÃO 13

    A GRANDE PALAVRA É DESAPEGO! 14

    UM NOVO JEITO DE PENSAR O FUTURO E A GESTÃO! 15

    COMO NAVEGAR E APROVEITAR OPORTUNIDADES
    EM UM MUNDO DE DISRUPÇÕES? 16

    ESTABILIDADE X INSTABILIDADE 18

    QUARTA REVOLUÇÃO INDUSTRIAL 19

    MUNDO VICAI 20

    VIVEMOS UM PONTO DE INFLEXÃO 21

    OS 6D'S DA ABUNDÂNCIA 22

    POR QUE DISRUPÇÕES EXPONENCIAIS ESTÃO ACONTECENDO
    MAIS RÁPIDO E COM MAIOR FREQUÊNCIA? 24

    TECNOLOGIAS DISRUPTIVAS 25

    IDEIAS FUNDAMENTAIS 27

    COMO TUDO ISSO NOS IMPACTOU? 28

CAPÍTULO 2:
PRECISAMOS DE UMA NOVA GESTÃO 31

A MANEIRA COMO ADMINISTRAMOS
AS ORGANIZAÇÕES HOJE ESTÁ FALIDA 31

PODEM AS EMPRESAS TRADICIONAIS EVITAR A AUTODESTRUIÇÃO? 33

COMO FUNCIONAM AS NOVAS ORGANIZAÇÕES? 35

AS LEIS DA NOVA ECONOMIA 38

CAPÍTULO 3:
COMO SUA EMPRESA PODE SER
RELEVANTE NA NOVA ECONOMIA? 43

ANTECIPE AS MUDANÇAS QUE MOLDARÃO O FUTURO 43

O QUE FAZER PARA ADAPTAR-SE À NOVA ECONOMIA 45

COMO ANTECIPAR MERCADOS 46

A CRIAÇÃO DA EMPRESA MODERNA – RESPEITE O PASSADO,
CRIE O FUTURO 47

CONSTRUIR O FUTURO.. 49

COMO VOCÊ RECONHECE UMA EMPRESA MODERNA? 50

ADEUS PENSAMENTO LINEAR... BEM-VINDO
PENSAMENTO EXPONENCIAL 52

CAPÍTULO 4:
QUAIS PROBLEMAS O SEU NEGÓCIO RESOLVE? 57

CONTEXTO ATUAL DA ERA DO CLIENTE..57

QUAL É O JOB-TO-DONE?... 60

O QUE É UMA EMPRESA COM A CULTURA DE CUSTOMER CENTRIC? 62

CUSTOMER CENTRICITY OU FOCO NO CLIENTE 62

EXPERIÊNCIAS...62

CUSTOMER SUCCESS 63

4 FASES DE DESENVOLVIMENTO DO CLIENTE 64

METODOLOGIA 66

WORKING BACKWARDS 66

AS NOVAS FORÇAS DA CRIAÇÃO DE VALOR 68

AS NOVAS MÉTRICAS 70

CAPÍTULO 5:
COMO DEFINIR ESTRATÉGIAS NA NOVA ECONOMIA? 73

O FIM DA VANTAGEM COMPETITIVA 73

POR QUE FUTUROS AO INVÉS DE FUTURO.
COMO UTILIZAR O CONE DE POSSIBILIDADES?...77

PREVISÕES NÃO SÃO PREDIÇÕES 78

CISNES NEGROS E RINOCERONTES CINZAS... 80

ATIVANDO O RADAR EM TEMPO REAL:
SINAIS FRACOS E SINAIS FORTES 83

4 MÉTODOS PARA COLETA DE SINAIS 84

DE INDÚSTRIAS PARA ARENAS COMPETITIVAS....................................... 86

AMBIDESTRIA ORGANIZACIONAL 87

OS 3 HORIZONTES DE INOVAÇÃO E CRESCIMENTO 89

COMO GERENCIAR O PRESENTE E
O FUTURO COM O USO DE KPIS E OKRS..................................95

A CONVERGÊNCIA DA ESTRATÉGIA + INOVAÇÃO + TECNOLOGIA................. 96

BARREIRAS TÍPICAS PARA A INOVAÇÃO E CRESCIMENTO.....................97

CAPÍTULO 6:
COMO CONSTRUIR A CULTURA CERTA? 101

REVELANDO O SIGNIFICADO DA CULTURA ORGANIZACIONAL.................. 101

A CONSTRUÇÃO DA CULTURA..104

CAPÍTULO 7:
ARQUITETURA ORGANIZACIONAL 107

REINVENTANDO AS ORGANIZAÇÕES 107

ORGANIZAÇÕES IMPULSIVAS-VERMELHO 113

ORGANIZAÇÕES CONFORMISTAS-ÂMBAR 114

ORGANIZAÇÕES REALIZADORAS-LARANJA 115

ORGANIZAÇÕES PLURALISTAS-VERDE 116

ORGANIZAÇÕES AUTOGERIDAS... 117

COMO FUNCIONA A TRANSIÇÃO.. 120

CAPÍTULO 8:
TIME EXTRAORDINÁRIO 125

COMO MONTAR UM TIME EXTRAORDINÁRIO 125

POR QUE DECISÕES SOBRE PESSOAS SÃO TÃO IMPORTANTES?................. 128

EQUIPES MULTIDISCIPLINARES 131

LIFELONG LEARNING 136

BUILDERS & OWNERS 138

CULTURA DE DONO E MENTALIDADE DO FUNDADOR 138

COMPENSAÇÃO E INCENTIVOS 140

CAPÍTULO 9:
EXCELÊNCIA OPERACIONAL 145

COMO COMPETEM OS NEGÓCIOS INTELIGENTES 145

A EMPRESA INTELIGENTE 145

A GESTÃO ÁGIL E EXECUÇÃO EFICAZ 146

CAPACIDADES PARA EXECUÇÃO ÁGIL 149

AUTOAJUSTE EM TEMPO REAL 156

INOVAÇÕES INCREMENTAIS E DISRUPTIVAS 157

FRACASSOS BEM-SUCEDIDOS 159

SKUNK WORKS 161

PROCESSOS E GOVERNANÇA LEVES E EVOLUTIVOS 162

EXCELÊNCIA OPERACIONAL 163

FECHANDO O CICLO DA EXECUÇÃO 164

CAPÍTULO 10:
CRESCIMENTO E LONGEVIDADE 167

COMO DISTINGUIR O BOM DO MAU CRESCIMENTO 167

EMPRESAS PONTO, LINHA E PLANO 170

NOVAS HIPÓTESES: MUDE E RECOMBINE PARA
IMAGINAR NOVAS FONTES DE RECEITA 173

OS CAMINHOS DO CRESCIMENTO 177

OS SETE CAMINHOS DO CRESCIMENTO 178

GROWTH HACKING 184

CAPÍTULO 11:
LIDERANDO DIANTE DE UMA NOVA REALIDADE 187

SERÁ O FIM DA LIDERANÇA? 187

UM NOVO TRABALHO: O CONTEXTO ATUAL 189

OS DESAFIOS PARA OS LÍDERES:
A TRANSFORMAÇÃO EXIGE CADA VEZ MAIS 190

OS PRINCIPAIS PAPÉIS DOS LÍDERES 190

AS PRINCIPAIS COMPETÊNCIAS QUE ALAVANCAM O DESEMPENHO 192

CUIDANDO DO PRESENTE E CONSTRUINDO O FUTURO 195

APÊNDICE 197

DIAGNÓSTICO DA NOVA GESTÃO 197

PREFÁCIO:
GÊNIO SEM ANEL

por José Salibi Neto

"Se as empresas administrassem o dinheiro com a mesma negligência que administram seu pessoal, a maioria quebraria."
(Eduardo Gomes de Matos)

Pincei essa frase do livro anterior de Eduardo Gomes de Matos, *Gênio sem lâmpada*, por considerá-la uma ótima maneira de iniciar este prefácio. O motivo é simples: só quem tem tamanha clareza sobre o gargalo da gestão de pessoas nas organizações está preparado para lidar com os desafios de gestão trazidos pela Nova Economia. E Eduardo tem, como atestei quando fui a Fortaleza fazer uma palestra a seu convite para um grupo de líderes empresariais.

Fundador e líder da maior consultoria de empresas do Norte e do Nordeste do Brasil, com atuação em nove estados, Eduardo mostra essa clareza nos valores da empresa que leva seu nome – entre outros, "uma grande empresa é formada por protagonistas", "liderança que inspira, forma e cuida" ou "inovar e aprender continuamente". Vários trechos do presente livro também confirmam tal entendimento, como "Na base das organizações, são evocados dois lados da impotência: a resignação e o ressentimento. E a falta generalizada de motivação e desengajamento". O acrônimo que usa como direcionador de comportamentos da Gomes de Matos Consultores Associados é um antídoto disso: "PERA – Paixão, Emoção, Respeito e Amor". E essa clareza não apenas credencia Eduardo a escrever sobre a nova gestão, como, na minha visão, deveria ser a companheira de viagem do leitor nesta obra.

Isso dito, quero me debruçar sobre a obra em si, fazendo alguns apontamentos sobre o livro que você tem em suas mãos. Em primeiro lugar, lhe dou as boas-vindas ao time. Um time formado por mim e meu coautor, Sandro Magaldi, que nos dedicamos a estudar e traduzir essa transição para a nova economia, com *Gestão do Amanhã* e uma série de outros livros. Um time formado por Diego Barreto, um dos líderes do iFood que também vem escrevendo muito bem sobre o tema. E um time que agora conta com a contribuição de Eduardo. Todos temos a mesma missão: tornar mais fácil a vida dos gestores, empresários e empreendedores brasileiros para que deem os próximos passos tão necessários.

Quero, em segundo lugar, saudar Eduardo pela inteligência contextual demonstrada, uma das qualidades que mais admiro. No dia a dia dos negócios, temos o péssimo hábito de fazer uma leitura superficial das coisas e tirá-las do lugar – isso acarreta uma estratégias e execuções pouco efetivas, e muitas perdas em conhecimento. Fica tudo parecendo "modinha", não fica? Eduardo, ao contrário, coloca os pingos nos Is e os Is nos pingos.

O terceiro ponto que ressalto é o pragmatismo que permeia o livro. Por exemplo, quando ele materializa a tecnologia de aprendizado de máquina, o *machine learning* nas ofertas recomendadas como as da Amazon e da Netflix, na capacidade de saber o que os clientes estão falando de nós nas redes sociais (*machine learning* combinado com criação de regras linguísticas) e na detecção de fraudes. De maneira simples, ele explica por que todos deveríamos começar a usar *machine learning* de uma maneira ou de outra.

Gosto muito também da sensatez e do pé no chão que Eduardo demonstra ter em todos os capítulos, e o trago como meu quarto destaque. Exemplo disso é a ênfase que dá à Lei de Amara, menos conhecida e menos compreendida do que deveria: "Tendemos a superestimar o efeito de uma tecnologia no curto prazo e subestimar o efeito no longo prazo." (Amara definiu curto como cerca de dez anos e longo como cerca de vinte anos.) Isso deixa claro que as altas expectativas quanto à tecnologia tendem a ser frustradas, mas a desistência mediante os desapontamentos é um erro muito maior.

Como quinta e última observação (embora eu pudesse falar ainda mais), digo que Eduardo fez neste livro o que todos nós deveríamos fazer como hábito – despiu-se de preconceitos e vieses. Ele dá um grande espaço a Frederick Laloux e seu conceito revolucionário de organização teal (o estágio evolutivo azul esverdeado das organizações), cujas ideias de autogestão muitos consultores rejeitam, ainda que Laloux venha da tradicional consultoria norte-americana McKinsey. Fica cristalino, nas palavras de Eduardo, que o empoderamento dos funcionários (aonde a maioria das nossas empresas nem chegou) já não é suficiente, porque o time precisa fazer a empresa. "Você não constrói uma empresa. Você constrói o time, e o time faz a empresa."

Se o livro que Gomes de Matos lançou há pouco tempo com as lições de gestão aprendidas ao longo de 25 anos recebeu o título de *Gênio sem lâmpada*, remetendo à icônica história de Aladim, este, com as lições de nova gestão que precisam ser aprendidas, poderia se chamar "Gênio sem anel". Poucos sabem, mas a história original de Aladim, aquela que está nas *Mil e uma noites*, é bem diferente da versão da Disney. Por exemplo, uma das distinções é o fato de Aladim ser chinês e não árabe – curiosamente, ele é nativo do país que constitui uma das forças motrizes dessa nova economia. E outra distinção é que são dois gênios realizando maravilhas em vez de um – um mora numa lâmpada e outro, num anel. Se no livro anterior, Gomes de Matos ensinou seus leitores a serem gênios sem lâmpada, sou capaz de apostar que, neste, ele os ajudará a ser gênios sem anel. Boa leitura!

José Salibi Neto,

Cofundador da empresa de educação executiva HSM, palestrante, mentor de líderes e coautor dos livros *Gestão do amanhã*, *Código da cultura*, *Estratégia adaptativa* e *O algoritmo da vitória*, entre outros.

CAPÍTULO 1:
NOVO MERCADO, NOVAS TECNOLOGIAS, NOVA GESTÃO

Como interpretar os impactos de um mundo cada vez mais complexo?

Qual é o maior sonho de todo empreendedor? Fazer com que sua empresa sobreviva, cresça e seja longeva. Para isso, a gestão do negócio é o fator crítico de sucesso que permitirá que ele alcance esse sonho.

A gestão empresarial, assim como todas as áreas de conhecimento, já vinha evoluindo nos últimos anos. Só que de repente o mundo mudou em uma velocidade como nunca tinha sido vista anteriormente. Os IMPACTOS em termos de tamanho, velocidade e escopo foram enormes. E tudo isso causado pela velocidade de tráfego da informação. E essas mudanças geraram: Desconforto; Volatilidade, Incertezas, Complexidades; Ambiguidades; Novos Conceitos; Novas Realidades; Aumento da Competitividade; Aumento da Mortalidade Empresarial; Falência de Empresas Gigantes; Obsolescência Rápida; o cliente passou a ter cada vez mais poder, ou seja, começamos a viver uma NOVA ECONOMIA!

Essa DISRUPÇÃO que modificou a forma como vivemos, trabalhamos e nos relacionamos fez com que os processos de desenvolvimento organizacionais tradicionais já não conseguissem atender aos desafios dessa nova realidade.

Precisamos de uma NOVA GESTÃO!

Assim sendo, saber que temos que adaptar as nossas empresas à Nova Economia já é fato conhecido por todos nós. Mas como promover essas mudanças? Que *skills* você precisa ter para reinventar sua empresa? Quais são os novos métodos? As novas práticas?

A GRANDE PALAVRA É DESAPEGO!

Para reinventar sua empresa, você deve abrir-se a tudo o que pode ser. Livrar-se do passado que gera sentimentos de culpa e faz com que você receba uma carga de pressão enorme e esqueça de estar no presente e visualizando o futuro.

Então a primeira capacidade é ter a capacidade de ter consciência e livrar-se de alguns paradigmas que foram motivos do seu sucesso até aqui, mas que não garantirão sucesso no futuro e, às vezes, poderão ser a razão do seu fracasso em longo prazo.

Deixe-me lhe perguntar uma coisa: qual foi a última vez que você foi virgem em alguma coisa? Fez alguma coisa pela primeira vez?

Hoje, para termos sucesso, é necessário que façamos experimentos, nos quais podemos errar, aprender e tentar novamente.

As certezas de um mundo que ficou para trás e que geravam segurança e conforto já não existem mais. Hoje vivemos a incerteza! O problema é que fomos criados para a certeza. Quem já não ouviu: "Se deu errado é porque não planejou direito"? Neste Novo Mundo, o importante não é o que a gente sabe, mas como a gente pensa.

Duas outras grandes capacidades que temos que desenvolver: antecipar-nos e adaptar-nos!

Diante das mudanças, podemos ter duas posturas: sermos proativos ou reativos, e as duas são essenciais. Ser proativo, ou seja, antecipar-se às mudanças que irão acontecer e promovê-las. Ser reativo é adaptar-se às mudanças que você não conseguiu prever, é adequar-se a essa nova economia.

Aproveito para lhe dar uma dica: avalie como está o seu nível de: DESAPEGO, ANTECIPAÇÃO E ADAPTAÇÃO!

O grande futurólogo Alvin Toffler dizia: "Os analfabetos do século XXI não serão aqueles que não sabem ler ou escrever, mas aqueles que não sabem aprender, desaprender e reaprender novamente". Portanto, para sobreviver e ter sucesso nesta Nova Economia, seja um eterno aprendiz!

Blockbuster, Netflix, Amazon, Xerox, Nokia, Tesla etc. Todas essas empresas passaram por mudanças que alteraram para sempre a trajetória dos seus negócios. Para o bem ou para o mal. Algumas foram reativas, outras proativas. E algumas não conseguiram nem se adaptar.

Enquanto algumas fracassaram, outras tiveram sucesso! Mas por que isso aconteceu? Por que algumas empresas conseguem navegar e atravessar essas grandes mudanças e se adaptam ao novo mercado enquanto outras fracassam?

O que levou a Netflix ao sucesso e a Blockbuster ao fracasso foi que a primeira conseguiu antever essas mudanças no mercado e soube usá-las como vantagem competitiva.

Como você pode perceber essas mudanças quando elas estão começando a acontecer, se preparar para elas e usá-las a favor de seu negócio? Anote aí, isso será crucial para que você continue a ter relevância na Nova Economia. Quem não se adaptar constantemente será eliminado.

UM NOVO JEITO DE PENSAR O FUTURO E A GESTÃO!

Para sobreviver nesta Nova Economia, com novas regras, novos clientes, novos métodos, novos modelos de negócios e novas tecnologias, os negócios devem aprender a ver as coisas de forma diferente, fazer de uma forma diferente e entregar de uma forma diferente, MAS NÃO É FÁCIL!

Para a maior parte das empresas, os negócios como são conduzidos atualmente não serão mais adequados nesta nova realidade. O que o novo mercado exige não é uma melhoria incremental, mas um aumento de desempenho com ordem de grandeza significativa.

Todos os dias estamos vendo o impacto do aumento da velocidade da informação e das novas tecnologias. De um lado temos as empresas que foram criadas na Velha Economia e de outro as empresas criadas na Nova Economia. A batalha tem sido travada pela necessidade de mudar das empresas tradicionais, mais rápido do que as empresas da Nova Economia conseguem escalar. As empresas tradicionais, se forem resistentes à inovação e continuarem atuando da mesma forma como vêm fazendo há muito tempo, assim continuarão... até falir.

O resultado tem sido que grandes empresas desaparecem de forma gradual, e então de repente. Será que as empresas tradicionais estão condenadas a desaparecer? Ou podem adotar uma nova forma de gestão?

Vivemos a maior transformação do mundo nos últimos tempos. E como fica a relação entre as pessoas e organizações? Estamos preparados para tantas mudanças? O que devemos fazer para adaptar nossas empresas à Nova Economia? O que precisa ser feito?

As respostas, perguntas, *insights* e provocações a todas essas questões você encontrará na NOVA GESTÃO!

Não é fácil entender o caminho do sucesso. Mas temos a certeza de que não existe "bala de prata" e nós mesmos temos que construir nosso caminho, e para isso precisamos adotar e adaptar a nossa realidade e cultura empresarial às práticas das empresas da Nova Economia.

COMO NAVEGAR E APROVEITAR OPORTUNIDADES EM UM MUNDO DE DISRUPÇÕES?

O modelo de gestão atual ainda é baseado em uma lógica antiga, herdada da era industrial. O fato é que não dá para pensar no futuro com a cabeça de hoje. Não dá para usar os mapas atuais para chegar a destinos desconhecidos. PRECISAMOS DE UM NOVO MODELO. Nasce a Nova Gestão!

A Nova Gestão vai capacitá-lo nos novos princípios da Nova Economia, que permitirá que você implemente práticas de gestão e prepare sua empresa para qualquer futuro.

Para isso, primeiro, sintetizamos e integramos uma série de ideias e práticas que estão sendo utilizadas pelas empresas de maior sucesso nesse novo mercado. Organizações Exponenciais, Organizações Teal, *Teams of Teams*, Ambidestria, Plataformas, Disrupção, *Lean Startup*, Organizações Ágeis e outras ideias foram reunidas para trazer para você o que há de melhor e mais atualizado existente hoje no mundo da gestão empresarial.

Nós combinamos estes *insights* em um modelo integrado que guiará líderes para reinventar suas organizações.

Segundo, identificamos algumas das mais inovadoras e bem-sucedidas organizações em diversos lugares do mundo – China (Alibaba,

Huawei, Tencent etc.), Estados Unidos (Amazon, Facebook, Tesla, Microsoft, Netflix, Apple etc.), Brasil (Magalu, Nubank, XP Investimentos etc.), entre outras – e fizemos uma pesquisa profunda em cada uma delas para conhecermos como estão se reinventando para vencer. Nossa meta foi estudar a lógica e os princípios por trás das suas práticas.

Terceiro, pesquisamos as causas de grandes fracassos empresariais (Blockbuster, Kodak, Ômega etc., entre outras) para buscar entender quais foram as razões desses fracassos e saber como evitá-los.

Quarto, complementamos com nossa experiência de trinta anos como consultor empresarial, assessorando grandes e pequenas empresas a elevar o seu patamar de desempenho, a serem competitivas e longevas.

Nós queremos ajudar líderes de todas as organizações (grandes ou pequenas) a captar e observar mudanças e desafios, unir pessoas pelo propósito, inspirar pessoas, inovar continuamente, interpretar sinais, antecipar-se e adaptar-se para entregar resultados.

Mas como todos sabemos, a maioria das organizações não trabalha dessa maneira. As organizações foram desenhadas e estruturadas para um mundo estável que não existe mais.

Desenhamos a metodologia com alguns princípios e práticas para entregar radicalmente mais valor em Mercados de Mudanças Rápidas. O *framework* que elaboramos poderá ser utilizado por qualquer líder em qualquer tipo de organização, principalmente as que chamamos de empresas tradicionais para adaptar-se à nova economia, adotando os princípios e práticas da NOVA GESTÃO.

Claro que é muito mais fácil iniciar uma nova organização do que reinventar uma organização tradicional. Esperamos que a Nova Gestão seja uma bússola para auxiliar você e outros empreendedores a transformar suas organizações.

Como aprender os princípios e práticas da Nova Economia? Claro que se fizermos cursos em universidades clássicas, elas nos ensinarão economia clássica, ou seja, a Velha Economia. Se lermos autores clássicos, eles nos ensinarão economia clássica. Se fizermos *benchmarking* em empresas clássicas, elas nos ensinarão economia clássica. Então para onde devemos olhar? Para onde devemos dirigir a busca dos nossos aprendizados?

O Facebook é uma dessas empresas que devemos adotar como *benchmarking*. Em 2016, Mark Zuckerberg apresentou os 3 Horizontes com os produtos que o Facebook iria focar nos próximos dez anos. E não é que, passados quatro anos, esses produtos se tornaram realidade. Por exemplo, Instagram, WhatsApp e outros.

Você quer aprender a Velha ou a Nova Economia?

Devemos estar conscientes de que, no mundo dos negócios de hoje, a competência se mede pela capacidade de lidar com mudanças.

Você sabia que 50% das empresas listadas por Jim Collins no seu *best-seller Feitas para durar* já não existem mais ou foram adquiridas? Nossas empresas terão que ser "mutantes" por princípio. Em vez de "FEITAS PARA DURAR", devem ser "FEITAS PARA MUDAR".

Nasce a NOVA GESTÃO!

ESTABILIDADE X INSTABILIDADE

O primeiro ponto que quero conversar com você é sobre a grande mudança que tivemos no mundo em relação à estabilidade e instabilidade. O mundo sempre mudou, mas o ritmo das mudanças era lento. As coisas aconteciam de forma linear e previsível.

Para você ter uma ideia, nós vivemos em torno de seis mil anos tendo como principal atividade econômica a agricultura até o final do século XVIII, quando foi inventada a máquina a vapor e isso mudou a principal força motriz que movia os trabalhos, deixando de ser a força dos seres humanos e animais e passando a ser a das máquinas a vapor, em torno das quais todas as fábricas eram montadas. Essa foi a Primeira Revolução Industrial. No final do século XIX, temos uma nova grande inovação que revolucionou toda a sociedade. O início do uso da eletricidade provocou a Segunda Revolução Industrial. Vejam que de uma etapa para outra já houve uma redução enorme em termos de intervalo. Se a Revolução Agrícola durou seis mil anos, o tempo decorrido entre a Primeira Revolução Industrial e a Segunda foi de somente 100 anos. Daí a poucos anos teríamos a Terceira Revolução Industrial, que aconteceu na metade do século XX, por volta dos anos 1950, quando o homem inventou a computação. Vejam que o intervalo já reduziu novamente, esse foi em torno de 80 anos.

Como dizia o filósofo, escritor e poeta francês da escola simbolista, cujos escritos incluem interesses em matemática, filosofia e música, Paul Valéry: "O futuro não é mais como era antigamente".

QUARTA REVOLUÇÃO INDUSTRIAL

E agora estamos no início de uma Quarta Revolução Industrial! O desenvolvimento em genética, inteligência artificial, robótica, nanotecnologia, nuvem, computação quântica, impressão 3D e biotecnologia, para citar apenas alguns, estão todos construindo e ampliando uns aos outros. Representam grandes desafios que exigem adaptação proativa por parte de empresas e indivíduos.

David Cohen, nos anos 2000, no seu artigo *A Empresa do Novo Milênio*, já comentava:

> As revoluções de maior impacto para a humanidade acontecem, num primeiro momento, sem que as pessoas se deem conta de sua profundidade. Foi provavelmente assim, com a descoberta do fogo, com a domesticação dos animais e com a entrada na era da agricultura. Foi assim na época das grandes navegações e nas duas fases da Revolução Industrial (primeiro com a máquina a vapor e depois com a eletricidade). Está sendo assim, novamente, com o que vários estudiosos denominam de revolução da informação, um termo que abrange o uso de computadores, a globalização, a desregulamentação e mesmo uma esperada segunda fase revolucionária, a era da biotecnologia.
>
> Já se tornou uma espécie de lugar-comum dizer que o mundo em que vivemos hoje é caótico, mas é da própria natureza das revoluções reordenar o funcionamento das coisas – e nessa reorganização criar um período de instabilidade. Este é certamente um mundo menos estável do que no passado, menos rígido, menos seguro, menos previsível, e essa instabilidade já permeia toda a sociedade.

Podemos citar três razões para os impactos gerados pela Quarta Revolução Industrial. A Velocidade – esta evolui em ritmo exponencial e não linear; a Amplitude e a Profundidade – revolução digital como base e combina várias tecnologias, levando à mudança de paradigmas na economia, nos negócios, na sociedade e no indivíduo; e o Impacto Sistêmico – envolve a transformação de sistemas inteiros entre países e dentro deles, em empresas, indústrias e em toda sociedade.

Hoje vivemos uma diversidade de desafios fascinantes. A convergência de todas essas tecnologias fez surgir novos modelos de negócios. A evolução do Motor a Vapor à Eletricidade, desta à Computação, como fatores que moviam o mundo, temos agora os Algoritmos. Tudo isso modificou totalmente o mundo!

O que torna a Quarta Revolução Industrial fundamentalmente diferente das anteriores é a fusão dessas tecnologias e a interação entre os domínios físicos, digitais e biológicos.

Diante de todas essas mudanças, alguns questionamentos passaram a povoar as principais preocupações dos empreendedores e líderes empresariais:

- Que impactos causará a nossa empresa?
- O que pode ser feito para aproveitá-la para nosso bem?

MUNDO VICAI

Temos hoje o que chamamos de Mundo VICAI. Composto de cinco características que compõem esse acrônimo e o define. Volátil: a alta velocidade e a intensidade das forças que impulsionam as mudanças; Incerto: alta imprevisibilidade; Complexo: muitos fatores estão envolvidos em qualquer transformação; Ambíguo: diferentes pontos de vista para entender e analisar os fatos. E acrescentei o último I, de Inédito: que é novo, original ou não tem precedentes, pois é assim que vejo muitas situações que estamos vivendo atualmente, principalmente depois da pandemia de 2020.

Algumas pessoas têm preferido utilizar outro acrônimo para caracterizar o mundo que vivemos hoje, BANI – B: *Brittle* (Frágil); *Anxious* (Ansioso); *Nonlinear* (não linear) e *Incomprehensible* (Incompressível), ou se preferir, em português, FANI – Frágil, Ansioso, Não linear e Incompreensível. Não importa se você prefere VICAI ou FANI, o importante é você saber que ele impacta nossas vidas e organizações, nos obrigando a aprender, desaprender e reaprender continuamente.

Estamos preparados para tantas mudanças? Somos realmente capazes de mudar? O que precisamos fazer para sermos relevantes nesse novo mundo? Pois o mundo que conhecíamos quando nascemos já não existe mais. No mundo dos negócios, antes era preciso sede, funcionários, equipamentos, hoje basta ter um *smartphone*. Mais de 50% das profissões de hoje se tornarão obsoletas até 2030.

VIVEMOS UM PONTO DE INFLEXÃO

O que é um ponto de inflexão? Esse fenômeno foi trazido da matemática e da física para a gestão empresarial. Em cálculo diferencial, um ponto de inflexão, ou simplesmente inflexão, é um ponto sobre uma curva na qual a curvatura troca o sinal. A curva muda de ter curvatura côncava para cima (positiva) para concavidade para baixo (curvatura negativa), ou vice-versa.

O Relatório do Fórum Econômico Mundial identificou 21 pontos de inflexão – momento em que mudanças tecnológicas específicas chegam à sociedade – que irão moldar um futuro hiperconectado e digital. Em seu apêndice, o livro *A Quarta Revolução Industrial*[1], de Klaus Schwab, traz 21 mudanças tecnológicas apresentadas no relatório, com os pontos de inflexão dessas tecnologias. A lista é a seguinte:

1. Tecnologias implantáveis;
2. Nossa presença digital;
3. A visão como uma nova interface;
4. Tecnologia vestível;
5. Computação ubíqua;
6. Um supercomputador no seu bolso;
7. Armazenamento para todos;
8. A internet das coisas e para as coisas;

---

1 *A Quarta Revolução Industrial*, Klaus Schwab, Editora Edipro, 2018.

9. A casa conectada;
10. Cidades inteligentes;
11. *Big data* e as decisões;
12. Carros sem motorista;
13. A Inteligência Artificial (IA) e a tomada de decisões;
14. Robótica e serviços;
15. Bitcoin e *blockchain*;
16. A economia compartilhada;
17. Os governos e o *blockchain*;
18. Impressão em 3D e fabricação e saúde humana;
19. Impressão em 3D e produtos de consumo;
20. Seres projetados;
21. Neurotecnologias.

Para cada uma dessas mudanças, o relatório mostra quando deve ocorrer o ponto de inflexão, quais os pontos positivos e negativos e quais as incertezas. Além disso, traz exemplos práticos de como essas mudanças já estão ocorrendo na prática, mostrando estudos de caso, matérias na imprensa e pesquisas acadêmicas. Se você quer aprofundar seus conhecimentos sobre esses pontos de inflexão, veja The World Economic Forum https://www.weforum.org

O fato é que não dá para pensar no futuro com a cabeça de hoje. Não dá para usar os mapas atuais para chegar a destinos desconhecidos. Podemos perceber que, diante de todas essas mudanças, o mundo está em aberto! A VIDA ESTÁ EM ABERTO! Que época fantástica!

OS 6D'S DA ABUNDÂNCIA

Peter Diamandis, que é engenheiro, médico, empreendedor e cofundador da Singularity University, criou a Teoria da Abundância e lançou seu livro *Abundância*[2], no qual descreveu o que ele chamou de os 6D's.

---

2 *Abundância: o futuro é melhor do que você imagina*, Peter H. Diamandis e Steven Kotler, Editora Alta Books, 2019.

O primeiro D é a Digitalização, que é o processo pelo qual uma imagem ou sinal analógico é transformado em código digital. Isso se dá através de um equipamento e *software* digitalizador de imagens, o exemplo, em um sistema de Gerenciamento Eletrônico de Documentos, conhecido como GED ou em bancos de imagens ou áudio. Alguns dos produtos ou serviços do seu portfólio já foi digitalizado? Se sim, qual foi o momento de digitalização? Você pode descrever as primeiras versões de digitalização que você conhece. Como foi a *performance*? E os custos?

Saiba que o que puder ser digitalizado será digitalizado. A música, a fotografia, produtos, transações financeiras, os documentos, leitura de notícias, livros etc. Não importa. A tendência é a digitalização!

O segundo D é a Decepção. Que é o período em que o crescimento exponencial está disfarçado de crescimento linear. Nessa fase, o processo é lento e os resultados pouco animadores. Mudanças nem sempre são bem-vindas e, no início, é normal que novas tecnologias sofram resistências. Foi assim com a fotografia digital da Kodak, com as músicas digitais e muitas outras inovações, no início. Nessa fase, a tecnologia dobra sua capacidade ou lucro, mas essas podem ser tão pequenas que o dobro não parece nada. No caso das câmeras, a evolução na qualidade parecia tão pequena que a empresa decidiu que não valia a pena, o que ela não sabia era que, em longo prazo, o crescimento seria de fato exponencial. Para você ter uma ideia, o lucro por foto impressa era de sessenta centavos de dólar, enquanto o da foto digital era de aproximadamente dois centavos de dólar.

Segundo Peter Diamandis, "tecnologia disruptiva é qualquer inovação que cria um mercado e abala outro já existente. Infelizmente, como a disrupção sempre sucede a decepção, a ameaça tecnológica original com frequência parece ridiculamente insignificante". O protótipo da primeira câmera digital foi criado por Steven Sasson, engenheiro então recém-contratado pela Kodak, em 1975. Olhando para as câmeras que hoje fazem parte dos nossos *smartphones*, é difícil imaginar que a primeira câmera digital pesava 3,6 quilos e gravava imagens em fitas K7.

Faça a seguinte análise: quais são alguns desenvolvimentos da tecnologia disruptiva? Quais foram as primeiras aplicações comerciais e viáveis? Quais indústrias estão sendo "disruptadas"? Como elas impactam o seu negócio? A Disrupção, então, é o terceiro D.

Vejamos agora o quarto D, a Desmonetização. A desmonetização consiste em transformar um produto/serviço em algo muito barato ou gratuito. Alguns exemplos de desmonetização são a Uber, o Airbnb e o Skype, que estão retirando o valor de grandes empresas dos setores de transporte, hotelaria e telefonia, respectivamente.

Pensando agora no seu negócio, quais são as aplicações atuais existentes? O que está sendo substituído?

A Desmaterialização, o quinto D, é a etapa onde é possível enxergar quais ferramentas deixaram de ter valor e podem ser substituídas. Um exemplo é o filme fotográfico, que foi perdendo força, até sumir completamente do mercado. Com o crescimento exponencial, o acesso às novas plataformas se torna cada vez mais possível.

O sexto e último D é Democratização. "A democratização é o fim de nossa reação em cadeia exponencial, o resultado lógico da desmonetização e da desmaterialização. É o que acontece quando objetos físicos são transformados em bits e inseridos em uma plataforma digital em volumes tão altos que seu preço se aproxima de zero." Todos devem ter acesso e estar presentes, seja no meio físico ou digital.

Se as tendências de evolução continuarem (melhorias exponenciais de preço-*performance*), o que podemos imaginar como impacto no seu negócio? Sabemos que o projeto Loon for All, do Google, visa dar acesso gratuito à internet a todas as pessoas no planeta. Esse é um bom exemplo para analisarmos os 6D's de Diamandis e os impactos, por exemplo, em empresas fornecedoras de internet. Vamos um pouco além, pense em quais projetos poderão impactar no seu caso.

POR QUE DISRUPÇÕES EXPONENCIAIS ESTÃO ACONTECENDO MAIS RÁPIDO E COM MAIOR FREQUÊNCIA?

Tudo que você acredita hoje logo se tornará obsoleto, e por isso, você tem de estar sempre se atualizando sobre as tecnologias e sobre as capacidades organizacionais.

O que faz com que as empresas tradicionais sejam altamente eficientes em termos de expansão e crescimento, desde que as condições de mercado permaneçam inalteradas, é também o que as torna extremamente vulneráveis à disrupção.

O que acontece quando as informações se tornam amplamente utilizadas e disponíveis? Como os custos em rápida queda de tecnologias – como *chips* de computador, sensores e capacidade de rede – estão cada vez mais gerando possibilidades, como a onipresença do *smartphone*?

Permita-me dar um exemplo. Anos atrás, para obter uma licença para dirigir um táxi preto de Londres, os que o desejavam precisavam passar por um exame extremamente e inacreditavelmente difícil. O exame requeria de quem fizesse a aplicação que memorizasse as ruas do centro de Londres para definir as melhores rotas para seus clientes. Era um trabalho muito desejado. Então o Uber entrou no mercado. E os tradicionais táxis pretos londrinos entraram em declínio. Esse é o padrão comum para o avanço das disrupções.

Então o que está direcionando as Inovações Exponenciais? A convergência das tecnologias disruptivas. A convergência, ou combinação, cria oportunidades para os empreendedores "disruptarem" indústrias inteiras.

TECNOLOGIAS DISRUPTIVAS

Neste breve resumo, queremos apresentar as principais tecnologias que estão impulsionando as mudanças em curso por todo o mundo. Explicar como elas vêm impactando nossas vidas, culturas, organizações, enfim, como vivemos, nos relacionamos, compramos, aprendemos etc.

Em 2007, o mundo mudou definitivamente. Foi lançado um aparelho no qual teríamos o melhor reprodutor de mídia do mundo, o melhor telefone do mundo e a melhor maneira de acessar a internet – as três coisas em um único aparelho; 2007 foi o ano do começo da onda exponencial de crescimento em termos de energia solar, biocombustíveis, sistemas inteligentes e carros elétricos. Muitas das empresas e tecnologias que "disruptaram" o mundo surgiram neste ano emblemático.

Segundo o pesquisador Guy Perelmuter:

> "Do ponto de vista econômico, a tecnologia atinge a sua plenitude quando transforma ideias e conceitos abstratos em produtos e serviços que nascem, competem e morrem no mercado. Quem descreveu melhor esse conceito foi Joseph Schumpeter, que o batizou de 'destruição criativa, uma das molas mestras do crescimento'".

Não temos a intenção de detalhar todas essas tecnologias, isso seria assunto para um outro livro. Recomendo o trabalho de Perelmuter, *O futuro presente – o mundo movido à tecnologia*[3], para aqueles que querem aprofundar seus conhecimentos em cada uma delas.

Reforçando, nosso objetivo aqui é somente apresentar essas principais tecnologias e os seus principais impactos. Então vamos lá!

Inicialmente, podemos dizer que o uso da tecnologia na produção cria oportunidades e gera riqueza. Mas também traz riscos.

Principais tecnologias que impactaram, estão impactando e impactarão o mundo, nossas vidas e organizações:

a. *Blockchain*;
b. *Big data* e *Analytics*;
c. Inteligência artificial, *machine learning* e *deep learning*;
d. *Internet* das Coisas;
e. Realidade Aumentada e Realidade Virtual;
f. Genotipagem;
g. Robótica;
h. Impressão 3D.

O professor Luís Lobão[4] discorre, no seu livro *Transformação digital*, as ideias fundamentais sobre as tecnologias de transformação digital.

---

3 *Futuro presente: o mundo movido à tecnologia*, Guy Perelmuter, Editora Companhia Editora Nacional, 2019.

4 *A jornada da transformação digital: um guia prático: cases, fundamentos e ferramentas*, Luis Lobão e Carlos Zilli, Editora Lamonica, 2020.

IDEIAS FUNDAMENTAIS

- A maioria dos moradores nas cidades não consegue gerir suas vidas sem seus *smartphones*.
- Nossas experiências diárias têm sido intermediadas pela tecnologia da informação digital em rede.
- As pessoas entendem pouco sobre os sistemas tecnológicos que moldam suas vidas.
- No futuro, todos devem se conectar à "rede global" 24 horas por dia.
- A Internet das Coisas tem como objetivo conectar e incorporar quase tudo na Terra.
- Dispositivos como os assistentes virtuais tiram as decisões inteligentes das mãos dos usuários.
- Um assistente virtual fornece ajuda conveniente, mas os provedores retêm as suas informações pessoais.
- A conectividade universal torna as pessoas vulneráveis a ataques cibernéticos.
- É improvável que a "fabricação digital" com impressoras 3D mude a economia no futuro próximo.
- Trazer mudanças é difícil, mesmo utilizando as "tecnologias radicais" de ponta.

Ele conclui afirmando sobre as tecnologias disruptivas que:

> "E o que isso quer dizer? Esse contexto nos permite refletir que a tecnologia não apenas transformou aquilo que era analógico em digital, mas também alterou as relações clientes-empresas e a forma de consumo de produtos ou serviços. A transformação digital afeta o modelo de negócios e os pilares estratégicos de uma companhia, de um setor e até do mundo".

Magaldi e Salibi[5] reforçam essa visão quando afirmam:

---

5 *Gestão do amanhã: tudo o que você precisa saber sobre gestão, inovação e liderança para vencer na 4ª Revolução Industrial,* Sandro Magaldi e José Salibi Neto, Editora Gente, 2018.

"Ao permitir o armazenamento virtual dos dados em milhares de servidores espalhados pelo mundo, as organizações não necessitavam mais realizar vultosos investimentos em servidores e em estrutura, o que propiciou o surgimento de inúmeras empresas que conseguiriam dar vazão à visão transformadora de seus empreendedores por meio de investimentos mais acessíveis. Os aprendizados até então existentes sobre gestão aliaram-se ao fortalecimento da tecnologia da informação e foram o lastro para o surgimento de novas empresas, que começaram a dar as cartas no mundo dos negócios, por meio de modelos inéditos, desconstruindo setores inteiros, como os de mídia, turismo, transporte e comércio. Foi o início da consolidação da era digital".

COMO TUDO ISSO NOS IMPACTOU?

Há fortes evidências de que as tecnologias que sustentam a Quarta Revolução Industrial causam um grande impacto sobre como as empresas são lideradas, organizadas e administradas.

Um sintoma particular desse fenômeno é a redução histórica da média de expectativa de vida de uma empresa listada no S&P 500 de cerca de 62 anos em 1958 para aproximadamente 20 anos em 2018. Hoje é de 15 anos e a projeção para 2023 é de 12 anos.

A revista *Fortune*, publicada desde 1955, listou as 500 maiores e melhores empresas americanas. De lá para cá, 90% das empresas que constavam entre as melhores e maiores empresas dos Estados Unidos já não existem mais, faliram e/ou simplesmente fecharam suas portas.

No Brasil, a realidade não é diferente. Em 1974, a revista *Exame* publicou pela primeira vez o elenco das 500 Maiores & Melhores. Mas permanecer na lista está cada vez mais difícil. A constatação é chocante: 67% das empresas listadas na primeira lista já não existiam mais em 2014 (40 anos após) ou tinham sido adquiridas, ou não tinham mais relevância. Somente 17% permanecem entre as 500 listadas inicialmente.

A Longevidade Empresarial está cada vez menor!

A constatação é que a maior parte das causas do desaparecimento são internas. As empresas morrem porque:

- Continuam a fazer as mesmas coisas durante tempo demais;
- Excesso de confiança proveniente de sucessos passados;
- Busca indisciplinada por mais;
- Negam riscos e perigos;
- Não se adaptam a novas realidades;
- Perdem a relevância;
- Não se antecipam e/ou não se adaptam a mudanças.

A questão para indústrias e empresas, sem exceção, não é mais "haverá ruptura em meu segmento de atuação?", mas... "quando ocorrerá a ruptura, quanto irá demorar e como ela afetará a mim e minha organização?".

1. As expectativas dos clientes estão mudando;
2. O tempo de vida das empresas está diminuindo;
3. Os produtos estão sendo melhorados pelos dados, o que melhora a produtividade dos ativos;
4. Estão sendo formadas novas parcerias, conforme as empresas aprendem a importância de novas formas de colaboração; e
5. Os modelos operacionais estão sendo transformados em novos modelos digitais.

O fundador do Fórum Econômico Mundial, Klaus Schwab, afirma:

> *"Acredito que as regras de competitividade econômica da quarta revolução industrial são diferentes das regras dos períodos anteriores. Para se manterem competitivas, as empresas devem estar na fronteira da inovação em todas as suas formas, o que significa que as estratégias que incidem principalmente na redução de custos serão menos eficazes do que aquelas que se baseiam na oferta de produtos e serviços de maneira mais inovadora".*

"Os analfabetos do século XXI não serão aqueles que não saberão ler ou escrever, mas aqueles que se recusam a aprender, desaprender e voltar a aprender."

Alvin Toffler, futurólogo

CAPÍTULO 2:
PRECISAMOS DE UMA NOVA GESTÃO

Algo está quebrado nas organizações!

Já vimos que vivemos a maior transformação do mundo nos últimos tempos. O modelo de gestão atual ainda é baseado em uma lógica antiga, herdada da era industrial. Para a maior parte das empresas, os negócios como são conduzidos atualmente não serão mais adequados nesta nova realidade. PRECISAMOS DE UM NOVO MODELO.

A MANEIRA COMO ADMINISTRAMOS AS ORGANIZAÇÕES HOJE ESTÁ FALIDA

Se você tem dificuldade em entender/compreender os "*drivers*" da nova economia... ou não sabe o que tem que ser modificado na empresa para adaptá-la à nova economia... ou como preparar a empresa para a transformação, este é momento, em que irei demonstrar que o modelo de gestão ainda utilizado pela maioria das empresas está extremamente desatualizado para enfrentar os desafios da Nova Economia.

As empresas precisam sempre tomar medidas para permanecerem vivas, e vimos que a longevidade empresarial é cada vez menor. O desafio de superar os desafios do presente e do futuro tira o sono de empresários, empreendedores e executivos. O que devemos fazer para adotar as novas práticas e métodos adequados a essa nova realidade?

Sabemos que o primeiro desafio é garantir a sobrevivência da organização. Então o que acionistas e financiadores, colaboradores e novos talentos, clientes e parceiros querem? O que eles desejam é previsibilidade. Acionistas e financiadores desejam que as expectativas de lucro e resultados financeiros sejam atingidos. Colaboradores e novos talentos também desejam previsibilidade, querem que suas remunerações sejam pagas nas datas acordadas, que o plano de carreira seja seguido, e assim por diante. Já os clientes e parceiros desejam também previsibilidade, querem que a qualidade de produtos e serviços sejam garantidos, e assim por diante. Então, para conseguir o objetivo de sobrevivência, os gestores dedicam em torno de 90% do seu tempo para entregar resultados hoje. E em torno de 10% em preparar a organização para amanhã. Não existe receita de bolo, mas os gestores devem, em média, dedicar em torno de 70% ao presente e 30% ao futuro.

Não custa lembrá-lo de que a gestão do negócio é o fator crítico de sucesso, e o fato é que modelos de negócio de sucesso e antigos métodos de trabalho que geraram o sucesso SÃO DIFÍCEIS DE ABANDONAR!

Nas palavras do vice-presidente de finanças e estratégia do iFood, Diego Barreto, no seu recém-lançado livro *Nova economia*[1], comenta:

> *As corporações tradicionais se veem obrigadas a repensar o futuro, já que não há como manter um negócio sustentável sem considerar a transformação digital e toda a adequação cultural que ela carrega...*
>
> *Vai ganhar o jogo quem garantir a melhor jornada de compra e rapidamente se adaptar a regras que reorganizam internamente as empresas, colocando-as no século XXI. A mudança não é opção, é obrigação.*

Então hoje temos uma corrida de dois tipos de empresas, as da Velha Economia e das Nova Economia. O desafio das empresas da Velha Economia, que podemos chamar de Incumbentes (ou seriam sucumbentes?), é mudar. Já os da Nova Economia, que podemos chamar de Inovadoras, é escalar.

Então avalie, se você fosse reiniciar do zero a sua empresa com a internet e a capacidade de estrutura existente, o que você faria de diferente?

---

[1] *Nova economia: entenda por que o perfil empreendedor está engolindo o empresário tradicional brasileiro*, Diego Barreto, Editora Gente, 2021.

PODEM AS EMPRESAS TRADICIONAIS EVITAR A AUTODESTRUIÇÃO?

Em 2021, entramos no segundo ano desta crise mundial provocada pela Covid-19. Esta pandemia afetou como vivemos, como trabalhamos, como compramos, como nos relacionamos com os outros; enfim, vivemos uma nova realidade. É um novo contexto com muitas incertezas, medos, mudanças e desafios. O que está tirando o sono dos CEOs das empresas brasileiras? O que as empresas tradicionais podem fazer para evitar a autodestruição? Pesquisa realizada pela Consultoria Empreenda nos revela estas principais preocupações e depois vamos ver algumas ações imprescindíveis para garantir a nossa permanência no mercado.

A incerteza econômico-política e o agravamento da pandemia são as principais preocupações dos líderes empresariais. Incertezas quanto ao cenário político causado por posturas dos homens públicos, investigações da Polícia Federal, CPIs, pedidos de *impeachment* presidencial e, por outro lado, o número de infectados e mortes que não abaixa, ritmo muito lento de vacinação e *fakenews* afetam a nossa economia da forma mais severa. Já são mais de um milhão de empresas fechadas no país e mais de 14 milhões de desempregados.

Não ter líderes suficientes para tocar o negócio e garantir a sucessão é o segundo ponto que tira o sono dos CEOs. Uma organização somente se perpetua pela formação de novos líderes. A inexistência de líderes para liderar a organização no futuro levará ao seu desaparecimento.

Em terceiro lugar, a causa mais citada foi a Transformação Digital. Vivemos a Quarta Revolução Industrial, na qual o mundo físico integra-se ao digital, criando um neologismo "figital". A necessidade de criar valor, ofertar valor e capturar valor de forma digital é um dos imperativos para que as organizações sobrevivam. O que fazer? Como fazer? Qual deve ser a Jornada da Transformação Digital?

A perecibilidade do seu modelo de negócios é a quarta grande preocupação. Quase metade, 49% indicam que já estão reinventando o atual modelo de negócios da sua empresa; cerca de 30% dizem que precisam reinventar nos próximos 2 a 5 anos; pouco mais de 20% revelam que o atual modelo de negócios não precisa ser reinventado, apenas alguns ajustes.

Por fim, executar a estratégia e garantir a execução da estratégia já existente foi apontada como a principal prioridade (54%) para o período 2021-25.

E, ainda mais, diante de todas essas preocupações, se sua empresa é uma organização tradicional, tem o grande desafio de evitar a autodestruição. O que você pode fazer? Vejamos algumas ideias:

- **Diversificar e Simplificar** – busque tornar as coisas o mais simples possível;
- **Reconhecer as pessoas** – mantenha-se em contato com sua equipe e reconheça os resultados obtidos;
- **Transformar a Cultura Organizacional** – relembre todos os líderes da empresa a focar no futuro mais do que manter o seu *status quo*;
- **Eliminar a Miopia Empresarial** – possibilitar enxergar futuros diferentes dos que habitualmente estão relacionados à sua visão.

"Não existem chances para o iPhone ter uma participação de mercado significativa". Essa declaração foi feita em 2007 por um importante CEO de uma organização líder mundial. Em 2015, o iPhone foi responsável por 92% dos lucros globais do setor. Podemos até pensar que esse executivo errou tão feio em seu prognóstico por não ser da indústria da tecnologia. Porém quem proferiu essa declaração foi Steve Ballmer, então presidente da Microsoft. Não podemos esquecer que as tecnologias que sustentam a Quarta Revolução Industrial estão causando um GRANDE IMPACTO sobre como as EMPRESAS SÃO LIDERADAS, ORGANIZADAS E ADMINISTRADAS.

As TÉCNICAS DE GESTÃO que aprendemos no século 20 dependiam de sermos capazes de prever o futuro com alguma precisão. Como as organizações e seus líderes empresariais devem se comportar para superar os desafios e, sobretudo, APROVEITAR AS IMENSAS OPORTUNIDADES DESTE ADMIRÁVEL MUNDO NOVO?

Precisamos ADAPTAR nossas técnicas de gestão à Nova Economia. O difícil é por que mudar a maneira como trabalhamos, se construímos uma empresa de sucesso? Somente 0,1% das empresas abertas nos EUA chegará a 40 anos. Das que foram fundadas em 1976, apenas 10%

sobreviveram dez anos depois. De 1962 a 1998, de 1.008 empresas, somente 160 sobreviveram.

Por que isso acontece?

Já sabemos que 83% dos fracassos empresariais estão relacionados à gestão interna das organizações e que o mercado mudou, o que as empresas da Nova Economia, tais como Google, Facebook, Skype, Uber, Netshoes, Airbnb, Nubank e tantas outras têm em comum?

A regra básica é SEMPRE COLOCAR o CLIENTE NO CENTRO DE SUAS ESTRATÉGIAS DE NEGÓCIOS. Elas escutam o que os clientes querem e, de forma muito rápida, dão isso a eles.

COMO FUNCIONAM AS NOVAS ORGANIZAÇÕES?

O conhecimento humano dobrava a cada século até 1900. Em 1945, passou a dobrar a cada 25 anos. Hoje dobra a cada 13 meses. E com a IOT poderá chegar a 12 horas. Algo que levava 100 anos para acontecer poderá ocorrer em metade de um dia.

Todos os setores da economia sofrerão uma transformação disruptiva por conta do digital. Você está pronto para isso?

Os consumidores mudaram. O cliente estava sempre sendo maltratado pelas marcas. Isso mudou com o empoderamento do consumidor.

Na Velha Economia, as empresas investiam em processos para ganhar escala e produtividade. Produzir o máximo possível e colocar tudo nas prateleiras até que o consumidor levasse. Volume, escala e produtividade quando o mundo era sequencial e repetitivo, esse processo era nota 10. Mas quando algo tem que ser diferente do que foi planejado? Quando algo precisa ser alterado, vira uma grande dor de cabeça... Pois o processo precisa ser alterado.

A Nova Economia é baseada na internet e na tecnologia que dá poder aos consumidores e... que deixa tudo extremamente instável para as empresas.

OS CONCORRENTES MUDARAM também. Antes estavam na sua cidade ou estado... Hoje estão no mundo todo!

Os paradigmas mudaram. Na Velha Economia, os paradigmas eram:

- Ganho de escala;
- Alto crescimento com baixos custos de produção;
- Foco no controle da oferta;
- Controle total da cadeia de valor: evolução linear das atividades.

Os da Nova Economia são:

- Aumento nos mercados atingidos e em suas interações;
- Foco no crescimento da demanda;
- Benefícios do efeito rede.

Vivemos um período único na história, no qual a VELHA E A NOVA ECONOMIA coexistem. É um mundo no qual existe uma chance única para pessoas comuns fazerem coisas extraordinárias, mas, também, devemos alertar que este novo contexto traz riscos.

Você lembra da Firestone, Kodak, Sears, Circuit City, Compaq, RCA? Sabe o que aconteceu com elas? Cometeram o erro estratégico de achar que ser GRANDE bastava. Pararam no tempo e pagaram caro por isso. Estamos em um ponto de bifurcação da gestão empresarial que é uma mudança dramática e súbita na trajetória de um sistema que estava em equilíbrio.

Muitos líderes empresariais ainda rezam na cartilha de Fayol, Taylor e Ford, que reflete uma sociedade de cem anos atrás. É preciso abandonar velhas práticas.

Pequenas e grandes empresas estão fechando mais rápido do que nunca. O que é necessário para resistir a essa tendência? Como as organizações e seus líderes empresariais devem se comportar para superar os desafios, e sobretudo, aproveitar as imensas oportunidades deste admirável mundo novo?

As empresas da Velha Economia buscam preservar o *status quo* e sua liderança. Já os empreendedores da Nova Economia veem os consumidores mal atendidos pelos líderes e usam novas tecnologias e modelos de negócios para promover a disrupção.

E assim surgem os Dinossauros e os Unicórnios! As empresas tradicionais que possuem grande dificuldade em mudar e as empresas inovadoras que estão revolucionando o mercado. O grande dilema das empresas tradicionais é estar sempre à frente da curva, satisfazendo a necessidade dos consumidores, mesmo em detrimento de seu modelo de negócio atual, e tentar proteger o modelo de negócio atual, correndo o risco de ser "disruptada" por novas empresas.

Existem quatro razões para isso, que dificultam as grandes corporações inovarem:

- Ideias disruptivas não estão no coração das grandes corporações;
- Inovação disruptiva exige mudar o modelo de negócios;
- O problema da burocracia e de assumir riscos;
- Mais focadas em otimizar do que em criar algo sem precedentes.

É muito difícil grandes empresas romperem padrões de mercado! Pois isso significa romper com elas mesmas. Não depende de tecnologia, nem mesmo de sorte. Tudo tem a ver com a liderança, com a maneira como os líderes lidam com a mudança e definem a gestão da sua empresa. Como os líderes devem tratar essas ameaças? O que podem fazer para não serem destruídos pelas mudanças disruptivas? Como responder a elas?

Isso exige que os líderes tenham uma compreensão não só sobre o que fazer, mas também como fazer.

Devemos inovar sem parar, em um processo de aprendizado que não acaba nunca. E isso é bem doloroso... porque devemos mudar nosso comportamento.

"Aqueles a quem os deuses querem destruir, enviam-lhes 40 anos de sucesso", escreveu Aristóteles. Para as empresas tradicionais, é muito difícil abandonar trajetórias, produtos e métodos que proporcionaram o seu sucesso anteriormente. Qualidade e Produtividade continuarão a ser fundamentais para o sucesso, mas no mundo de hoje não bastam! O sucesso vai demandar NOVOS LÍDERES, APRENDIZAGEM e... NOVOS MODELOS DE GESTÃO.

Precisamos reagir rápido e adotar o Princípio da Transformação Contínua. *Always Beta*...

AS LEIS DA NOVA ECONOMIA

Este novo mercado possui, além dos seus princípios, métodos e práticas, as suas leis. Vamos conhecer agora as principais leis que regem a Nova Economia.

Lei de Moore

A Lei de Moore é uma observação e projeção de uma tendência histórica relacionada à indústria de *microchips* e processamento de computadores. Foi observada por Gordon E. Moore, e consiste no estudo de que o número de transistores dos *chips* teria um aumento de 100%, pelo mesmo custo, a cada período de 18 meses. Essa profecia tornou-se realidade e acabou ganhando o nome de Lei de Moore.

Já vimos que 2007 foi um ano emblemático! Foi nesse ano que a Apple lançou o iPhone. Surgiu um novo grupo de empresas, que juntas promoveram inovações que mudaram definitivamente a forma como as pessoas e máquinas se comunicam, criam, colaboram e pensam. A capacidade de armazenamento disponível para computação explodiu devido ao surgimento da plataforma de *software* Hadoop, que colocou "*big data*" ao alcance de todos. Surge a plataforma de código aberto Github. Surge o Facebook. Google compra o YouTube e lança o Android. Também neste mesmo ano a Airbnb foi concebida e a cifra de usuários da internet ultrapassou 1 bilhão em todo o mundo. Foi também em 2007 que a IBM começa a construir um computador cognitivo chamado Watson.

A Intel adota pela primeira vez nos *microchips* o uso de materiais diferentes de silício nos chamados *high-k/metal gates* (refere-se ao transistor de porta com eletrodo e dielétrico). Essa decisão técnica foi importantíssima. Apesar de materiais sem silício já fossem empregados em outras partes dos microprocessadores, seus usos no transistor ajudou a Lei de Moore a seguir seu caminho, proporcionando um crescimento exponencial na potência dos computadores, o que deu uma injeção de ânimo na Lei de Moore, já que achavam que ela tinha chegado ao seu ápice com os transistores tradicionais feitos de silício.

O professor Thomas Friedman[2] comenta sobre 2007:

---

2 *Obrigado pelo atraso*, Thomas Friedman, Editora Objetiva, 2017.

"Pois o que aconteceu a partir de 2007 foi o começo da onda exponencial de crescimento em termos de energia solar, energia eólica, biocombustíveis, lâmpadas LED, edifícios com sistemas inteligentes de energia e o advento dos automóveis elétricos. Foi um salto de qualidade".

Como consequência de tudo isso, as tecnologias disruptivas tornaram-se muito mais acessíveis, conectando o físico e o biológico com o digital. Veja alguns exemplos do barateamento de algumas tecnologias:

- **Drones** - US$ 700 - 1% do que custavam em 2007;
- **Impressoras 3D** - US$ 500 - 1% do que custavam em 2007;
- **Cloud & Data** - Big Data Analytics - 3% do que custavam em 2005, Custo/GB;
- **Industrial Robôs** - 3% do que custavam em 2007;
- **Inteligência Artificial** - capacidade do cérebro para US$ 1.000 esperada até 2023;
- **Sequenciamento DNA** - 0,01% do que custava em 2007;
- **Energia Solar** - 5% do que custava em 1984;
- **Smartphones** - 3% custo/Mbps do que custavam em 2007.

A profecia feita em abril de 1965, de que a quantidade de transistores que poderiam ser colocados em uma mesma área dobraria a cada 18 meses, mantendo-se o custo de fabricação, tornava-se realidade e mudaria definitivamente a história.

Lei de Amara

Roy Charles Amara foi um norte-americano pesquisador, cientista, futurista e presidente do Instituto para o Futuro, mais conhecido por cunhar a Lei de Amara sobre o efeito da tecnologia.

Seu ditado sobre a previsão dos efeitos da tecnologia tornou-o conhecido como a Lei de Amara, e afirma:

"Tendemos a superestimar o efeito de uma tecnologia no curto prazo e subestimar o efeito no longo prazo."

Amara definiu curto como cerca de dez anos e longo como cerca de vinte anos. O fato de tendermos a superestimar o impacto de uma nova tecnologia no curto prazo e por que isso acontece é uma das razões pelas quais as empresas precisam de uma NOVA GESTÃO.

Uma razão para que a Lei de Amara seja realidade no nosso dia a dia é que gostamos de títulos e anúncios espetaculares. Como resultado, você vê que um pequeno avanço na pesquisa fundamental do câncer é traduzido na mídia como uma cura para o câncer em cinco anos. Às vezes, pode haver segundas intenções em apresentar as coisas um pouco melhor do que realmente são. As empresas podem querer atrair capital ou apoiar o preço de suas ações. Mas quando as aplicações práticas começam a ficar aquém das expectativas, ficamos desapontados e começamos a duvidar do impacto da tecnologia. Enquanto isso, entretanto, nos bastidores, cientistas e técnicos estão trabalhando arduamente em novos desenvolvimentos. Como isso é menos visível, essa pode ser a razão pela qual subestimamos o efeito no longo prazo.

Mas a maior razão pela qual superestimamos o efeito de uma nova tecnologia é a cegueira seletiva causada pelo entusiasmo. Podemos descrevê-la da seguinte forma: "No curto prazo, tendemos a negligenciar os aspectos negativos relacionados a uma nova tecnologia que, no longo prazo, inexoravelmente iremos confrontar". Essa negligência não é necessariamente uma decisão consciente, as pessoas têm o benefício da dúvida. Estamos tão entusiasmados com as possibilidades de uma nova tecnologia que simplesmente não podemos ver potenciais negativos e problemas.

Assim, a Lei de Amara confirma-se também na gestão empresarial. Tendemos a superestimar o efeito de uma tecnologia no curto prazo e subestimar o efeito no longo prazo, fazendo com que vários princípios, práticas, modelos e métodos sejam abandonados após um entusiasmo inicial, e após alguns anos, ao observar o mercado, percebemos que algumas empresas continuaram com determinação a implantar esses novos métodos, que agora são a razão dos seus sucessos.

A Lei de Amara é tão forte que Charles H. Duell, que foi o comissário do escritório de patentes dos Estados Unidos em 1899, proferiu esta famosa frase: "Tudo o que pode ser inventado foi inventado."

Regra de Movimento de Hemingway

Ernest Miller Hemingway (1899-1961) foi um escritor norte-americano. Trabalhou como correspondente de guerra em Madri durante a Guerra Civil Espanhola e essa experiência inspirou uma de suas maiores obras, *Por quem os sinos dobram*. Ao fim da Segunda Guerra Mundial (1939-1945), se instalou em Cuba. Em 1953, ganhou o Prêmio Pulitzer de Ficção e, em 1954, ganhou o Prêmio Nobel de Literatura.

E você deve estar se perguntando: como um famoso escritor pode estar relacionado à gestão empresarial. Deixe-me explicar. Hemingway, em uma das suas obras, *O Sol também se levanta*, conta a história de um empresário que explica como faliu: "Two ways. Gradually; then suddenly" (de duas formas: devagar e então de repente).

Vamos imaginar que você está na curva exponencial bem no terceiro D, da disrupção, na qual você é surpreendido. Se você olhar para a sua esquerda, ou seja, o seu passado, o que você verá? Irá enxergar uma curva linear, lenta, com poucas mudanças. Porém se olhar para a sua direita, o seu futuro, você irá enxergar uma curva exponencial, acelerada, com muitas mudanças.

Que aprendizados podemos tirar da Regra de Movimento de Hemingway? Olhando para o passado e para o futuro, quero sugerir que você reúna o seu time e faça as seguintes discussões:

- Quais disrupções afetarão vocês?
- Como setores relacionados serão afetados?
- Como as organizações estão reagindo?
- Como você navegará nessa turbulência?

Douglas Adams (1952-2001) foi um escritor e comediante britânico. Adams era um entusiasta de novas tecnologias, tendo escrito sobre *e-mail* e *usenet* antes de tornarem-se amplamente conhecidos. Até o fim de sua vida, Adams foi um requisitado professor de tópicos que incluíam ambiente e tecnologia. Algumas das suas reflexões que merecem aqui ser citadas são estas:

1. Qualquer coisa que já esteja no mundo quando você nasce é normal e corriqueira, e é apenas parte natural do funcionamento do mundo.
2. Qualquer coisa que tenha sido inventada entre seus quinze e trinta e cinco anos será nova e emocionante e revolucionária, e é provável que você consiga fazer carreira em cima dela.
3. Qualquer coisa inventada depois que você fez trinta e cinco anos é contra a ordem natural das coisas.

Se quisermos descobrir para onde iremos no futuro, sigamos as novas gerações, pois elas sempre apontam aonde estamos indo. Elas chegam para romper com modelos anteriores.

> "Qualquer empresa projetada para o sucesso no século 20 está condenada ao fracasso no século 21."
> **(David S. Rose)**

CAPÍTULO 3:
COMO SUA EMPRESA PODE SER RELEVANTE NA NOVA ECONOMIA?

ANTECIPE AS MUDANÇAS QUE MOLDARÃO O FUTURO

> *Muito do que vai acontecer nos próximos 30 anos é inevitável, definido por tendências tecnológicas que hoje já estão em movimento. No seu novo livro, Kevin Kelly oferece um roteiro para esse futuro, mostrando como as próximas transformações afetarão nossas vidas – desde a realidade virtual em casa até a inteligência artificial presente em tudo o que fabricarmos. Não adianta resistir: as maneiras como compramos, trabalhamos, aprendemos e nos comunicamos uns com os outros serão completamente (ainda mais!) revolucionadas. O que podemos fazer é compreendê-las e abraçá-las, para assim aumentarmos a probabilidade de nos beneficiarmos delas – é aí que este livro se mostra indispensável. Daqui para frente, o que você deve inventar? Onde é melhor trabalhar? É sábio investir em quê? Como atingir melhor os clientes? Como começar a se posicionar nesta realidade emergente? São essas as perguntas que inevitavelmente esta obra vem responder.*

O parágrafo acima é como o Google Books descreve a obra de Kevin Kelly. Nesse livro, ele dá uma grande contribuição de como devemos antecipar as mudanças que moldarão o futuro, que é o que vamos analisar agora. Tem uma das frases no livro que gosto muito. Ela diz: "Você chegou bem a tempo. Todos nós, sem exceção, seremos eternos novatos no futuro". Quero que você grave bem essa afirmação. Neste mundo VICAI, muitas das situações que estamos vivendo são inéditas, o que reforça que devemos estar sempre aprendendo. No futuro, somos eternos novatos e aprendizes.

Se você tem dificuldades de identificar oportunidades e ameaças ou não sabe como enxergar os pontos de inflexão se aproximando, ou ainda não sabe com antecipar-se às mudanças que moldarão o futuro, irei lhe mostrar agora o que fazer para adaptar-se à Nova Economia, como antecipar mercados, como criar uma Empresa Moderna (ou transformar a sua) e como dar adeus ao pensamento linear e adotar o pensamento exponencial.

Não quero assustar você, mas pesquisa recente da CISCO com 941 líderes concluiu que 40% das empresas não sobreviverão ao novo paradigma digital.

O que devemos fazer para adaptar e utilizar os princípios e práticas da Nova Gestão nas nossas empresas?

Vamos por partes. O primeiro método que quero compartilhar com você é como antecipar mercados. Nikolai Kondratiev (1892-1938), economista russo e um dos teóricos da NEP (*Novaya Ekonomitcheskaya Politika*, em português: *Nova Política Econômica*), é mais conhecido por ter sido o primeiro a tentar provar estatisticamente o fenômeno das "ondas longas", movimentos cíclicos (ciclo econômico) de aproximadamente 50 anos de duração, conhecidos posteriormente na Economia como ciclos de Kondratiev.

Um ciclo de Kondratiev tem um período de duração determinada (de 40 a 60 anos), que corresponde aproximadamente ao retorno de um mesmo fenômeno. Apresenta duas fases distintas: uma fase ascendente (fase A) e uma fase descendente (fase B). Essas flutuações de longo prazo seriam características da economia capitalista.

No ocidente, o maior divulgador de Kondratiev e das ondas longas foi Joseph Schumpeter (Ciclos de Negócios). O próprio autor trata os ciclos de maneira similar a Kondratiev, a partir da quebra do equilíbrio econômico, acrescentando apenas ser essa proporcionada pelo aparecimento da inovação, trazida pelo empreendedor capitalista.

Para ele, "empreendedor é aquele que destrói a ordem econômica existente pela introdução de novos produtos e serviços", e é a esse *boom* de empreendedorismo que estamos assistindo neste momento, principalmente no Brasil.

Portanto, apesar das críticas ao trabalho de Kontradiev, ele nos dá fortes evidências de que a economia vive em ciclos e que as empresas que conseguem antecipar-se a essas ondas podem surfar com maior facilidade. Estamos vivendo uma transição da Velha Economia para a Nova Economia, o encontro do antigo e do novo.

Schumpeter popularizou o termo "destruição criativa", fazendo referência ao empreendedor que cria novos produtos/serviços e novos mercados, e, por meio da inovação, inicia novos ciclos, destruindo as empresas vencedoras do ciclo anterior. Ele, utilizando como base o trabalho do economista russo, também previu que os ciclos de inovação seriam cada vez mais curtos, fazendo com que os vencedores do ciclo anterior perdessem sua posição de mercado para as empresas inovadoras.

Um dos principais mantras do mundo corporativo é a necessidade de inovar para não ser passado para trás.

Porém a história está repleta de empresas que não apenas inovaram, mas transformaram profundamente o mercado, contudo estacionaram em suas próprias inovações ao não observarem o que se passava ao seu redor.

Ao optarem por não fazer, essas empresas não apenas perderam grande espaço no mercado, mas algumas delas fecharam as portas. Pois quando resolveram inovar, já era tarde demais. Kodak, Nokia, Xerox, Blockbuster, Hitachi, Polaroid, Toshiba, Sony, Atari e muitas outras. Podíamos listar páginas e páginas com exemplos de empresas que perderam sua participação de mercado ou faliram, mas esse não é o nosso objetivo. O nosso propósito é utilizar a história dessas empresas para pesquisar os seus fracassos no passado e possamos construir nosso futuro sem a probabilidade de cometer os mesmos erros.

O QUE FAZER PARA ADAPTAR-SE À NOVA ECONOMIA

Vivemos um novo mercado. Neste novo contexto, temos a necessidade de desenvolver a competência tecnológica; sabemos que é difícil manter a competitividade por muito tempo; o comportamento das pessoas mudou; elas aceitam a inovação cada vez mais rápido; saímos de Indústrias competitivas para Arenas competitivas, e nenhuma empresa irá sobreviver se não colocar realmente o cliente no centro do seu negócio e ter foco no *"job to be done"* (tarefa a ser feita para o cliente) — conceito criado pelo professor da Universidade de Harvard, Clayton

Christensen. Mas como nos adaptar? Ter adaptabilidade é uma das artes para triunfar em tempos de incerteza. As empresas hoje não precisam ser feitas para durar, precisam ser FEITAS PARA MUDAR.

A mudança constante, a antecipação e adaptação ao mercado é o que irá garantir a competitividade e longevidade das organizações. Adaptar-se ou morrer é a única opção!

Listo a seguir três passos importantes para adaptar-se segundo Max Mckeown:

1. Reconhecer a necessidade de adaptação – se você não reconhece a necessidade de adaptar-se ou a oportunidade de fazê-la, não poderá fazer nada;
2. Compreender a adaptação requerida – reconhecer a necessidade de adaptação é um bom começo, mas o que efetivamente você precisa levar em consideração para realizar essa adaptação;
3. Fazer o que for necessário para adaptar-se – é inteiramente possível que você saiba que deveria estar realizando mudanças para solucionar algum problema ou para aproveitar alguma grande oportunidade, mas não coloca mãos à obra para realizá-las. Para ser bem-sucedido no processo de adaptação, você tem que fazer o que é necessário ser feito. Existirão dificuldades, resistências, dores e desafios, mas para que você tenha sucesso e relevância neste novo mercado, não há alternativa.

COMO ANTECIPAR MERCADOS

Como fazer nossa empresa ser capaz de antever diariamente os diferentes futuros? Como gerenciar a incerteza e não apenas os riscos?

A maneira de definir o futuro e a estratégia empresarial sofreu grandes mudanças nestes últimos anos. Michael Porter criou o método da Estratégia Competitiva, no qual a empresa podia escolher entre diferenciação e custos para vencer a concorrência. Lembra das cinco Forças do Porter? O foco era a concorrência! ESQUEÇA!

Diante deste novo mercado, desta Nova Economia, as vantagens competitivas são efêmeras. A professora da Columbia Business School e especialista em estratégia internacionalmente reconhecida, Rita McGrath, no seu livro *O fim da vantagem competitiva*[1], argumenta que agora é a hora de transcender o conceito da vantagem competitiva sustentável. Ela argumenta que a vantagem competitiva sustentável não pode mais ser o Santo Graal para as empresas devido a um ambiente em constante mudança e oferece um novo conjunto de princípios para vencer em um mercado volátil e incerto.

No capítulo 5, aprofundaremos os principais métodos que utilizaremos para antecipar os mercados. Por enquanto, saiba que as afirmações que eu fazia há um ano sobre adaptação já não são mais válidas no mundo de hoje. Eu sempre afirmava que o nome do jogo era: ADAPTAÇÃO. Hoje, o nome do jogo mudou e agora é: ANTECIPAÇÃO e ADAPTAÇÃO! Temos que nos adaptar ao mercado e suas mudanças, é fato. Mas para termos a possibilidade de ter maior relevância e sucesso devemos nos antecipar ao mercado.

A CRIAÇÃO DA EMPRESA MODERNA – RESPEITE O PASSADO, CRIE O FUTURO

Vijay Govindarajan, na sua metodologia das três caixas (3 Boxes), afirma que toda empresa, para ter sucesso, tem que:

1. Gerenciar o presente;
2. Esquecer o passado seletivamente;
3. Construir o futuro.

O que ele trouxe para a gestão empresarial contribui decisivamente para criarmos a empresa moderna. Os líderes já sabem que a inovação exige um conjunto diferente de atividades, habilidades, métodos, métricas, mentalidades e abordagens de liderança. E é bem entendido que criar um negócio e otimizar um já existente são dois desafios de gestão fundamentalmente diferentes. O verdadeiro problema para os líderes é fazer as duas coisas simultaneamente. Como você atende aos

---

[1] *O fim da vantagem competitiva. Um novo modelo de competição para mercados dinâmicos*, Rita Gunther McGrath. Editora Elsevier, 2013.

requisitos de desempenho do negócio existente – um que ainda esteja prosperando – ao mesmo tempo que o reinventa drasticamente? Como você imagina uma mudança em seu modelo de negócios atual antes que uma crise o force a abandoná-lo?

O guru da inovação Vijay Govindarajan expande o *kit* de ferramentas de inovação do líder com um método simples e comprovado para alocar a energia, o tempo e os recursos da organização – em uma medida equilibrada – através do que ele chama de "as três caixas":

- **Caixa 1: o presente** – gerenciar o negócio principal com rentabilidade máxima.
- **Caixa 2: o passado** – abandone ideias, práticas e atitudes que poderiam inibir a inovação.
- **Caixa 3: o futuro** – converta ideias inovadoras em novos produtos e negócios.

A estrutura de três caixas facilita a inovação porque fornece aos líderes um vocabulário simples e um conjunto de ferramentas para gerenciar e medir esses diferentes conjuntos de comportamentos e atividades em todos os níveis da organização. Com o suporte de ricos exemplos de empresas – GE, Mahindra & Mahindra, Hasbro, IBM, United Rentals e Tata Consultancy Services – e testemunhos de líderes que usaram com sucesso essa estrutura, o seu método das três caixas resolve de uma vez por todas o dilema prático de como alinhar uma organização nas demandas críticas, mas concorrentes de inovação.

O esquecimento seletivo começa com a identificação de aspectos do motor de desempenho do Horizonte 1 que ameaçam o desenvolvimento de ideias e ações para os Horizontes 2 e 3. É crucial que a liderança pergunte: quais políticas, estruturas, treinamentos, métricas de desempenho ou outros elementos de nossa empresa deveriam ser esquecidos para que possamos avançar?

Os tópicos de discussão a seguir ajudam a sua equipe de gestão a encarar o desafio do esquecimento. Quais das seguintes sentenças descrevem sua organização? Classifique cada sentença em uma escala de 5 pontos, na qual 1= Discordo Totalmente e 5= Concordo Totalmente, e avalie o que você precisa esquecer para construir o futuro do seu negócio.

- ☐ Tendemos a promover o pessoal interno;
- ☐ Temos uma cultura homogênea;
- ☐ Temos uma cultura forte;
- ☐ Nossos colaboradores estão há bastante tempo na empresa;
- ☐ Exceto os cargos de nível júnior, raramente contratamos pessoas de fora;
- ☐ Temos um longo histórico de sucesso;
- ☐ Nossa lógica dominante é: "Não mexa em time que está ganhando";
- ☐ Nossa equipe de alta administração tem longo tempo de casa;
- ☐ Nossa equipe de alta administração trabalhou antes predominantemente no setor em que competimos;
- ☐ Raramente recrutamos executivos de fora para nossa equipe de alta administração;
- ☐ Temos grande foco no desempenho, resultando no cumprimento das metas financeiras de curto prazo;
- ☐ O nosso modelo de negócios não deve mudar.

Se a pontuação total for 36 ou mais para as 12 sentenças, sua empresa tem um enorme desafio de "esquecimento" pela frente.

CONSTRUIR O FUTURO

Eric Ries, após escrever o seu *best-seller A startup enxuta*, um dia recebeu um telefonema perguntando se ele achava viável implantar as ideias e práticas descritas no seu livro em uma empresa tradicional. Ele respondeu que sim, mas que nunca tinha feito tal trabalho. Quem estava do outro lado da ligação era o então CEO da General Eletric, Jeffrey Immelt, sucessor do lendário Jack Welch.

Após aquela conversa inicial, Ries foi ter um encontro pessoal nos escritórios da GE no Estado de Nova York e ali começava um trabalho muito bem-sucedido da transformação de uma empresa tradicional em uma empresa moderna. A história completa você pode conhecê-la no segundo livro de Ries, *O estilo startup – como as empresas modernas usam o empreendedorismo para se transformar e crescer* [2].

No início do trabalho com Immelt, Ries ouviu uma frase dele que o marcou muito. "Ninguém quer trabalhar em uma empresa antiquada. Ninguém quer comprar produtos de uma empresa antiquada. E ninguém quer investir em uma empresa antiquada." Mas o que torna uma empresa realmente moderna? Como você a reconhece?

Para o jovem autor de sucesso, "uma empresa moderna é aquela que possui as duas metades, os dois sistemas. Tem a capacidade de produzir produtos de grande confiabilidade e qualidade, mas também de descobrir novos produtos para produzir".

O que podemos fazer, como líderes, para tornar a nossa empresa uma organização moderna? Como fazer para que todos na nossa empresa sejam empreendedores? Como garantir a disciplina na execução rigorosa de seu negócio, que garantirá o desempenho no presente?

Elaboramos o teste a seguir, adaptado de Eric Ries, para que você possa avaliar o quanto a sua empresa é uma empresa tradicional ou uma empresa moderna.

COMO VOCÊ RECONHECE UMA EMPRESA MODERNA?

As questões a seguir listadas refletem situações e características de empresas que vivem a Velha Economia e a Nova Economia. Analise a sua empresa e marque um "X" para cada afirmativa, conforme sua empresa tiver mais semelhanças com a coluna da esquerda ou da direita.

---

[2] *O estilo startup*, Eric Ries. Editora Sextante, 2019.

1. Sua empresa baseia-se no crescimento constante por meio de gestão e controles prescritivos, estando sujeita a uma tremenda pressão para apresentar resultados em intervalos de curto prazo.		1. Sua empresa baseia-se em impacto prolongado mediante inovação contínua e se concentra em resultados de longo prazo.
2. Sua empresa é constituída de especialistas em departamentos funcionais especializados, entre os quais o trabalho circula num processo de departamento para departamento.		2. Sua empresa é constituída de equipes multidisciplinares, que trabalham juntas para atender os clientes por meio de processos altamente interativos.
3. Sua empresa conduz megaprogramas.		3. Sua empresa conduz experiências rápidas.
4. Sua empresa utiliza as áreas funcionais internas, como jurídico, TI e finanças, para mitigar o risco por meio da conformidade com procedimentos detalhados.		4. Sua empresa utiliza as áreas funcionais internas para ajudar seus funcionários a satisfazer seu objetivo de servir aos clientes, compartilhando responsabilidades para promover resultados empresariais.
5. Sua empresa prioriza projetos com base em retorno sobre investimento, contabilidade tradicional e participação de mercado.		5. Sua empresa tenta maximizar a probabilidade e a escala do impacto futuro. Concentra-se no crescimento de longo prazo do fluxo de caixa livre em vez de indicadores da contabilidade tradicional.
6. Sua empresa está repleta de simultaneidade de tarefas: reuniões e deliberações onde os participantes estão apenas parcialmente concentrados na tarefa à sua frente.		6. Sua empresa possui uma nova ferramenta em seu arsenal: a *startup* interna, constituída de um pequeno NÚMERO de adeptos apaixonados e dedicados a um projeto por vez.
7. Sua empresa é composta de gerentes e subordinados.		7. Sua empresa é composta por líderes e pelos empreendedores que eles empoderam.
8. Sua empresa tende a correr atrás de grandes projetos, caros e de desenvolvimento lento.		8. Sua empresa busca um portfólio de experiências inteligentes e restringe o custo do fracasso, investindo mais em experiências que funcionam.
9. Sua empresa é aquela em que eficiência significa que todos estão ocupados o tempo todo, facilitando a "conquista do fracasso" mediante o desenvolvimento eficiente da coisa errada.		9. Sua empresa é aquela que eficiência significa encontrar a coisa certa a fazer para os clientes, não importam os meios necessários.
10. Sua empresa acredita que "o fracasso não é uma opção", e os gestores são versados em fingir que os fracassos nunca acontecem, escondendo-os. Podem se declarar a favor da ideia de "aceitar o fracasso", mas seus sistemas de remuneração, promoção e avaliação enviam uma mensagem bem diferente.		10. Sua empresa recompensa os fracassos produtivos, que levam a mudanças inteligentes de direção e fornecem informações ÚTEIS.
11. Sua empresa se protege da concorrência por meio de barreiras à entrada.		11. Sua empresa deixa para trás os concorrentes por meio da inovação contínua.

TOTAL:

Uma empresa moderna é aquela em que todo funcionário tem a oportunidade de ser um empreendedor. Ela respeita seus funcionários e suas ideias. Uma empresa moderna é disciplinada na execução rigorosa de seu negócio principal – sem disciplina, nenhuma inovação é possível –, mas também emprega um conjunto complementar de ferramentas de gestão empreendedora para lidar com situações de incerteza extrema. A gestão moderna requer uma filosofia de longo prazo, unida à experimentação extremamente rápida, para descobrir estratégias que apoiarão a visão de longo prazo.

ADEUS PENSAMENTO LINEAR... BEM-VINDO PENSAMENTO EXPONENCIAL

Alguns filósofos modernos afirmam que a inteligência de um indivíduo é uma quantidade fixa. Uma quantidade que não pode ser aumentada. Mas em oposição a essa visão, outros filósofos entendem que, com prática, treinamento e método, somos capazes de aperfeiçoar nossa atenção, nossa memória e nossa capacidade de julgamento. Tornando-nos literalmente mais inteligentes do que éramos antes.

Esse estudo foi aprofundado pela professora de Psicologia na Universidade de Stanford e PhD pela Universidade de Yale, Carol Dweck. Carol é uma das principais pesquisadoras mundiais no campo da motivação. Sua pesquisa se concentrou em "por que" e "como" as pessoas conseguem alcançar o sucesso.

Ela afirma que uma parcela significativa do que você acredita ser sua personalidade na verdade é gerada por seu *mindset*. E muito do que impede a realização do seu potencial é também produto dele. Então todos nós temos dois possíveis *mindsets* (que significa mente configurada): o *mindset* fixo e o *mindset* de crescimento.

MINDSET FIXO	MINDSET DE CRESCIMENTO
Crê que inteligência e habilidades são natos.	Crê no desenvolvimento da inteligência e habilidades.
Tem dificuldade em ver as próprias limitações.	Busca aprendizado para superar limitações.

Evita desafios por medo de revelar fraquezas.	Abraça desafios e encara falhas como aprendizado.
Não crê que esforço possa gerar mudanças.	Vê esforço como caminho da excelência.
Encara problemas sem esperança em resolver.	Enfrenta problemas com entusiasmo.

A opinião que você adota a respeito de si mesmo afeta profundamente a maneira pela qual você leva sua vida. Ela pode decidir se você se tornará a pessoa que deseja ser e se realizará aquilo que é importante para você. Se você é um líder de *mindset* fixo, provavelmente...

1. Viverá num mundo em que alguns são superiores e outros são inferiores. Precisará constantemente afirmar sua superioridade, e a empresa nada mais é do que uma plataforma para esse fim;
2. Você não investirá em programas de aprendizado ou de desenvolvimento do seu time;
3. Culpará os outros, encontrará justificativas e afastará críticos e rivais;
4. Menosprezará os que se encontram abaixo de você na hierarquia das empresas – sob o pretexto de "manter os funcionários na linha". Esses chefes são capazes de maltratá-los – frequentemente, as vítimas são os mais competentes, porque são os que representam a maior ameaça a um chefe de *mindset* fixo.

Já se você é um líder de *mindset* de crescimento, provavelmente...

1. Começará pela crença no potencial e no desenvolvimento humano, tanto nos seus próprios quanto nos de outras pessoas;
2. Falará em trajetórias – trajetórias inclusivas, cheias de aprendizado e de satisfação;
3. Enfatizará o trabalho em equipe, e não o régio "eu";
4. Procurará pessoas com paixão e desejo de realizar;

5. Abrirá diálogo e canais para receber *feedbacks* honestos;
6. Aumentará a produtividade via aconselhamento e não terror;
7. Concentrar-se-á no cliente.

E tenho uma boa notícia! Você pode modificar o seu *mindset* de fixo para o de crescimento, basta você querer e praticar. Então se podemos mudar o nosso *mindset*, podemos modificar também a nossa forma de pensar linearmente e pensar exponencialmente e de um pensamento reativo para proativo.

Para construirmos organizações exponenciais, precisamos de pensamento exponencial. Uma organização exponencial (ExO) é aquela cujo impacto ou resultado é desproporcionalmente grande – 10 vezes maior – comparado com seus pares, devido ao uso de novas técnicas organizacionais que alavancam as tecnologias aceleradas.

Se tenho o pensamento exponencial, posso fazer as seguintes reflexões:

- Temos como gerar esse impacto 10 vezes maior no nosso mercado?
- Quais os fatores críticos de sucesso para que possamos implementar esse modelo?

Para fazermos uma comparação com as organizações lineares que adotam o pensamento linear, vamos ver suas principais características: organização *top down* e hierárquica; orientação para resultados financeiros; pensamento linear e sequencial; a Inovação ocorre principalmente a partir de dentro; o Planejamento estratégico é geralmente uma extrapolação do passado; Intolerância ao risco; grande número de colaboradores; inflexibilidade dos processos; controle de seus próprios ativos; e fortemente investindo no *status quo*.

Esse era o padrão ou ainda é da maioria das empresas. Só que o mundo mudou e estamos vivendo uma Nova Economia, um novo mercado. Tudo que você acreditava logo se tornou obsoleto, e por isso você tem de estar sempre se atualizando sobre as tecnologias e sobre as capacidades organizacionais.

Listamos a seguir as principais diferenças da empresa tradicional para as empresas modernas na opinião de Salim Ismail, um dos fundadores da Singularity University, no seu *best-seller Organizações exponenciais*.

TRADICIONAL	MODERNAS
Controle e autoridade centrais.	Controle e autoridade distribuídos.
Prevê e planeja em longo prazo.	Dinâmica e flexível: as mudanças estão ocorrendo constantemente.
Estrutura hierárquica ou achatada, com base no consenso.	Nenhuma das duas, já que qualquer um é a mais alta autoridade em sua própria função e seguidor de outras funções.
Orientada ao interesse.	Orientadas às metas principais.
A tensão é vista como um problema.	A tensão é vista como combustível.
Reorganização e gestão da mudança.	Desenvolvimento, evolução e movimentos naturais.
Cargos.	Funções dinâmicas.
Líderes, colaboradores e supervisores de processos heroicos.	Pessoas vitais que cumprem seu papel.
Organização de pessoas.	Organização de trabalho.
Uso instrumental das relações humanas para servir a objetivos organizacionais.	Separação clara entre as pessoas, as relações e os papéis.

E como base para essas organizações, temos o pensamento exponencial caracterizado da seguinte forma: a informação acelera tudo; a corrida pela desmonetização; a disrupção é a nova forma; cuidado com o especialista; a confiança vence o controle e o aberto vence o fechado; tudo é mensurável e qualquer coisa é conhecível; morte ao plano quinquenal; o menor vence o maior; e alugue, não possua.

Podemos dizer que, em sua essência, o pensamento exponencial é uma mentalidade que reconhece a taxa de crescimento exponencial da tecnologia a fim de aproveitar seu potencial para causar um impacto positivo na vida das pessoas.

E como mudar o pensamento de reativo para proativo?

Há três mudanças de mentalidade reativa para criativa que consideramos fundamentais.

1. Da certeza à descoberta: fomentar a inovação;
2. Da autoridade à parceria: fomentar a colaboração;
3. Da escassez à abundância: fomentar a criação de valor.

Essas mudanças de mentalidade, por serem novas, exigem um significativo "desapego" de velhas crenças e paradigmas, coletivamente, elas formam uma abordagem muito disciplinada à liderança.

> "A maioria dos empreendedores prefere fracassar de forma convencional a ter sucesso de forma não convencional."
> **(Marc Andreessen, presidente da Opsware, empresa de software)**

CAPÍTULO 4:
QUAIS PROBLEMAS O SEU NEGÓCIO RESOLVE?

Tornando sua empresa centrada no cliente.

CONTEXTO ATUAL DA ERA DO CLIENTE

Foram muitas as mudanças do *marketing* ao longo dos anos. Já tivemos o *marketing* 1.0, que era voltado para o Produto. Nesta Era industrial, o *marketing* era vender a produção da fábrica de produtos para todos os que os comprariam. Os produtos eram bastante básicos e foram projetados para servir um mercado de massa. O 2.0 era voltado para o Consumidor na Era da Informação, na qual o núcleo era a tecnologia da informação. O trabalho de *marketing* já não era tão simples, os consumidores estavam bem-informados e podiam comparar várias ofertas de valor de produtos similares. O valor do produto era definido pelos consumidores, que diferem muito em suas preferências. O comerciante devia segmentar o mercado e preparar um produto superior para um mercado alvo específico. Surgiu nessa época a regra de ouro "CONSUMIDOR É REI", que para a maioria das empresas era somente uma falácia. Os profissionais de *marketing*, nesse período, tentavam tocar a mente e o coração do consumidor. Os consumidores eram alvos passivos da campanha de *marketing*. Já o 3.0 era voltado para o Ser Humano de uma forma integral. Mas do 3.0 para cá passamos por muitas mudanças. Economia compartilhada, Economia do agora, Integração *omnichannel*, *marketing* de conteúdo, CRM social e muitas outras coisas. Um novo contexto surgiu e uma nova abordagem era necessária.

Isso faz com que o papel do profissional de *marketing* se modifique. Guiar os clientes por sua jornada desde o estágio de assimilação até se tornarem advogados (defensores ou embaixadores) da marca torna-se seu novo papel. Ele se baseia na ideia de que os clientes de hoje têm menos tempo e atenção para dedicar à sua marca – e eles são cercados por alternativas a cada passo do caminho. É preciso levantar-se, chamar a atenção deles e entregar a mensagem que eles querem ouvir. Agora, o poder não reside nos indivíduos, mas nos grupos sociais.

O conceito de confiança do consumidor não é mais vertical. Agora é horizontal. Antes, consumidores eram influenciados por campanhas de *marketing*, procuravam especialistas e autoridades. Hoje, acreditam mais no fator social (amigos, família, seguidores das mídias sociais e *apps*). Os clientes tornaram-se mais orientados horizontalmente, cada vez mais cautelosos com as comunicações de *marketing* de marcas e estão confiando no *f-factor* (*friends, family, fans and followers*).

Neste novo contexto, 90% de nossas interações com a mídia passaram a ser facilitadas por telas: de *smartphone*, *tablet*, *laptop* e televisão. Passamos mais de 4,8 horas de nosso tempo diário nos nossos *smartphones*, tendo atividades de lazer, educação, compras etc. e usando várias telas de modo sequencial e simultâneo. A internet passa a ser a espinha dorsal dessas interações.

COMO AS PESSOAS COMPRAM: do AIDA aos cinco As.

AIDA	CINCO A's	DEFINIÇÃO
Atenção.	Assimilação.	Conhecimento da marca.
Interesse.	Atração.	Gostam ou não dela.
Desejo.	Arguição.	Aprofundam o conhecimento.
Ação.	Ação.	Compram a marca.
	Apologia.	Promovem e defendem a marca.

A NOVA GESTÃO | 59

A1 ASSIMILAÇÃO

Os consumidores são passivamente expostos a uma longa lista de marcas em função de experiências passadas, comunicações de *marketing* e/ou defesa da marca por clientes.

- Aprender sobre a marca com seus pares;
- Ser exposto inadvertidamente à propaganda da marca;
- Lembrar-se de experiência passada.

Eu sei

A2 ATRAÇÃO

Os consumidores processam as mensagens a que são expostos - criando memória de curto prazo ou ampliando a memória de longo prazo - e são atraídos somente para uma lista curta de marcas.

- Ser atraído pelas marcas;
- Criar um conjunto de marcas que serão levadas em consideração.

Eu gosto

A3 ARGUIÇÃO

Levados pela curiosidade, os consumidores pesquisam ativamente para obter informações adicionais dos amigos e da família, da mídia e/ou direto das marcas.

- Pedir conselhos a amigos;
- Pesquisar avaliações *on-line* do produto;
- Contatar central de atendimento;
- Comparar preços;
- Testar o produto nas lojas.

Estou convencido

A4 AÇÃO

Reforçados pelas informações adicionais, os consumidores decidem comprar uma marca específica e interagem de forma mais profunda por meio de processos de compra, consumo e/ou serviço.

- Comprar na loja física ou *on-line*;
- Usar o produto pela primeira vez;
- Reclamar de um problema;
- Obter atendimento.

Estou comprando

A5 APOLOGIA

Com o tempo, os consumidores podem desenvolver uma sensação de forte fidelidade à marca, refletida em retenção, recompra e defesa da marca perante seus pares.

- Continuar usando a marca;
- Recomprar a marca;
- Recomendar a marca.

Eu recomendo

- Comportamento do consumidor
- Possíveis pontos de contato com o consumidor
- Impressão-chave do consumidor

Figura: Mapeamento do caminho do consumidor ao longo dos 5A's

O nosso maior objetivo hoje é conduzir os consumidores da Assimilação à Apologia. E as três fontes principais de influência são:

- Própria Influência;
- Influência dos outros;
- Influência Externa.

É o que o papa do *marketing*, Philip Kotler, chama de ZONA POE (Própria, Outros e Externa), para conduzir os consumidores da assimilação à apologia.

QUAL É O JOB-TO-DONE?

Quais são os maiores problemas do mundo que sua empresa poderia ajudar a solucionar?

Qual é o problema que a sua empresa resolve?

Essa deve ser a principal questão a ser discutida na sua empresa. Para que o seu negócio tenha relevância nesta Nova Economia, ele deve criar valor, ofertar valor e capturar valor. E para que isso aconteça, a resposta a essa pergunta é fundamental. Somente criamos valor quando resolvemos o problema de alguém.

Como já comentei anteriormente, esse conceito foi criado pelo professor Clayton Christensen. *Job to be done* (trabalho a ser feito) é um método para analisar as razões que levam os clientes a querer comprar determinado produto ou serviço. Pela experiência do seu criador, a prática parte do princípio de que não adianta perguntar às pessoas o que elas querem, já que elas responderão de acordo com o que o mercado já oferece, é preciso ir além.

A celebre frase de Henry Ford sobre automóveis já trabalhou esse conceito muitos anos atrás: "Se eu perguntasse o que os consumidores queriam, eles teriam dito que era uma carruagem mais rápida". O *Job to be done* acredita que, ao comprar, os clientes "contratam" produtos e serviços, daí a ideia de "*job*". A ferramenta surgiu como uma forma de olhar para as motivações dos consumidores em ambientes de negócios.

Ela inverte todo o mecanismo tradicional de que no processo de compra e venda a lógica mental é "eu vendo o que eu faço" e é uma lógica ancestral que move todo o mercado. Já a nova lógica do *Job to be done* é "eu estou a serviço do cliente, o que ele precisa em essência que seja feito por ele?".

Uri Levine, um dos fundadores do Waze, diz que o criou porque ele detestava engarrafamentos e o tempo desperdiçado no trânsito. Fez uma rápida pesquisa com amigos e verificou que a chateação era unânime. Então resolveu acabar com esse problema de milhões de pessoas. Ele afirma que criou o Waze, não para criar o aplicativo, mas sim para resolver esse problema de muitos que moram nas grandes cidades. E alerta: "Cuidado, não se apaixone pelos seus produtos, serviços ou soluções. Apaixone-se pelo problema do cliente."

Que problema a sua empresa resolve? Aplique o seguinte questionário para chegar à essência de como você cria valor:

- Que problema seu negócio resolve? Como você descreve esse problema?
- Quem costuma ter esse tipo de problema? Em que situação?
- Explique em 140 caracteres que problema você resolve e de quem é esse problema.
- Por que seu negócio é inovador o suficiente? Você acha inovador resolver problema da seguinte forma (fale da sua ideia de solução).
- Como seu negócio apresenta os benefícios de forma clara?
- Como você gostaria de resolver esse problema?
- Que vantagens você consegue enxergar nessa solução?
- Como seria a melhor forma de ter acesso a essa solução?
- Como você vai ganhar dinheiro?
- Você pagaria por isso? Se sim, como é a melhor forma de pagar?
- Ela faz o mundo um lugar melhor? Por quê?

"Nossa abordagem sempre foi descubra hoje o que importará amanhã e então transformar nossa empresa em um futuro que se desenrola diante de nós." Este é um dos princípios de Ron Shaich, Former CEO,

President & Founder Panera Bread, que é mais um exemplo de sucesso quando se trata de ser uma empresa focada nos seus clientes.

O QUE É UMA EMPRESA COM A CULTURA DE CUSTOMER CENTRIC?

CUSTOMER CENTRICITY OU FOCO NO CLIENTE

Diga-me uma maneira de ganhar dinheiro sem impactar um ser humano. Descobriu? Não existe! Isso é tão óbvio e tão difícil às vezes de entender.

Uma empresa *customer centric* é aquela cujo negócio é criado no qual o cliente está no centro. A maior parte das empresas tem um discurso no qual suas organizações são voltadas para os clientes, mas vemos na prática que a realidade é bem diferente disso. As normas e as regras invariavelmente ficam acima do desejo de satisfazer e fidelizar clientes. A verdade é que a Empatia Verdadeira dói demais!

Ser *customer centric* significa descobrir o que mais importa para seu cliente. O cliente quer hoje mais diversificação, mais tecnologia, mais novidades, mais inovação, menos custos, menos dificuldades, menos despesas, ou seja, mais VALOR.

Você tem pensado nisso para adequar seu modelo de negócios e fazer sua empresa ser *CUSTOMER CENTRIC*? Exemplos de empresas *customer centric*? Existem inúmeras que já estão vivendo na Nova Economia, podemos citar algumas, tais como Amazon, Zappos e Nubank, entre tantas outras.

Vejamos agora a importância das experiências para que possamos tornar nossos clientes nossos fãs.

EXPERIÊNCIAS

PENSE RÁPIDO! Qual foi a última experiência que fez você sentir-se bem?

Do produto para a Experiência do Cliente! Há alguns anos, o foco das empresas no mercado competitivo era buscar ter produtos melhores do que seus concorrentes. Livros davam *insights* para você criar produtos irresistíveis que tornassem seus concorrentes irrelevantes! O foco era o produto. Depois, passamos o foco para os serviços. Já não bastava ter excelentes produtos, eles tinham que vir acompanhados de excelentes serviços. De vender a massa do bolo do aniversário, passou-se a entregar o bolo pronto. E hoje chegamos à Era das Experiências. Você idealiza a festa, a empresa proporciona a experiência da festa e o bolo vai de cortesia.

Assim, a experiência do cliente é o processo de criação de uma associação positiva com sua marca. Sua principal função é garantir que os clientes fiquem satisfeitos sempre que interagir com sua empresa. Não apenas após a venda, mas em todos os pontos de contato com a marca.

A Disney, que é mundialmente reconhecida como uma das empresas que melhor proporciona experiências para seus clientes, nos fornece algumas lições:

- Concorrente é qualquer empresa com a qual o cliente o compara;
- Tenha fantástica atenção aos detalhes;
- Todos devem mostrar entusiasmo;
- Múltiplos postos de escuta na jornada do cliente;
- Recompensa, reconhecimento e comemoração;
- Todas as pessoas são importantes.

CUSTOMER SUCCESS

Quantas vezes você compra um produto ou serviço e não utiliza? Inúmeras vezes, acontece com todo mundo. Para evitar isso e tornar seus clientes fãs, foi criado o *Customer Success*. Ele tem como objetivo ajudar o seu cliente a obter o máximo do seu produto/serviço. Sua principal função é entender e atender as dores do seu cliente e ajudá-lo a resolver.

Afinal de contas, sabemos que, para uma empresa ter sucesso, ela precisa ADQUIRIR CLIENTES, RETER CLIENTES e MONETIZAR CLIENTES.

4 FASES DE DESENVOLVIMENTO DO CLIENTE

Steve Blank, criador da metodologia que deu origem ao movimento Startup Enxuta, é uma referência quando o tema é inovação e criar empresas *customer centric*. Ele leciona empreendedorismo na Stanford University e na Columbia University. Em 2011, criou o *Lean LaunchPad*, uma forma prática sobre o Desenvolvimento de Clientes, que agora iremos compartilhar com você.

O Processo de Desenvolvimento de Clientes é composto de quatro grandes fases:

1. Descoberta do Cliente;
2. Validação do Cliente;
3. Geração de Demanda;
4. Estruturação do Negócio.

As duas primeiras fases é o que podemos chamar de Busca por um Negócio. O foco dessas fases é a Aprendizagem e a Descoberta. Estabelecer suas hipóteses significa a Descoberta do Cliente. "Nenhum plano de negócio de uma *startup* sobrevive ao primeiro contato com o cliente" é uma das suas frases preferidas. Para descobrir o cliente e validar suas hipóteses, ele nos dá um conselho: "Vá para a Rua! Os fatos acontecem lá fora, onde os clientes vivem; assim, o aspecto mais importante da descoberta do cliente é sair às ruas e ficar frente a frente com os consumidores. E não só por alguns dias ou uma semana, mas repetidamente, por semanas, se não meses. Trata-se de uma tarefa crítica que não pode ser repassada para elementos pouco experientes da equipe e cuja execução compete aos fundadores. Somente depois de fazer esse trabalho, os fundadores poderão saber se sua visão é válida ou apenas fruto de uma alucinação".

Ao desenvolver novos produtos ou serviços, é isso que os líderes empresariais deveriam fazer. Entretanto não é isso o que vemos no dia a dia. Produtos e serviços são lançados sem descobrir o cliente e sem a validação dele. E, como consequência, mais de 30.000 novos produtos são introduzidos a cada ano e 95% falham. De acordo com a professora da Universidade de Toronto, Inez Blackburn, a taxa de insucesso dos produtos das novas mercearias é de 70% a 80%.

E se as suas hipóteses não forem validadas pelos clientes? Simples, você pivota. Pivotar é uma referência aportuguesada do verbo, em inglês, *to pivot*, que significa girar. Para ficar mais claro: quem pivota está, em outras palavras, mudando um negócio. Mas não é uma alteração pequena, apenas alguns ajustes, é uma verdadeira revolução, um giro. Esse é um dos termos da linguagem da Nova Economia.

Pivotar significa mudar suas hipóteses, mudança essa que pode estar relacionada ao seu produto, serviço, canais de venda, forma de monetização ou até mesmo ao modelo de negócios.

Após a validação do cliente (fase 1 - Descoberta do Cliente e fase 2 - Validação do Cliente), você criou o seu negócio, e agora é hora de fazer o negócio crescer.

As fases 3 e 4 tratam justamente disso, focam agora na Execução. Como proporcionar o crescimento e estruturação do negócio. As fases 3 - Geração de Demanda e 4 - Estruturação do Negócio significam compreender o processo de aquisição de compras e desenvolver o posicionamento. Com relação aos processos de aquisição e posicionamento, questione-se:

- Esse processo é contínuo?
- Como comprovamos isso?
- Podemos obter esses clientes com o produto de que dispomos?
- Que canais de venda e distribuição testamos?
- Temos confiança de que podemos aumentar a escala de modo compatível com um negócio lucrativo?
- Estamos confiantes de que posicionamos acertadamente o produto e a companhia?

Depois de realizar as fases 3 e 4, você proporcionou o crescimento do seu negócio e escalou. Os desafios agora são outros, e talvez o mais importante deles é manter o espírito de uma *startup*.

METODOLOGIA

WORKING BACKWARDS

Existe uma abordagem chamada *Working Backwards* – "trabalhando para trás", que é amplamente usada na Amazon. Nesse método, tentamos retroceder a partir do cliente ou do resultado, em vez de começar com uma ideia para um produto e tentar atrair os clientes para ele. Embora o trabalho retroativo possa ser aplicado a qualquer decisão de produto específica, o uso dessa abordagem é especialmente importante ao desenvolver novos produtos ou serviços.

Para novas iniciativas, quem está sugerindo um novo produto geralmente começa escrevendo um *press release* interno, anunciando o produto acabado. O público-alvo do comunicado à imprensa são os clientes do produto novo/atualizado. Os comunicados de imprensa internos são centrados no problema do cliente, como as soluções atuais (internas ou externas) falham e como o novo produto vai acabar com as soluções existentes.

Se os benefícios listados não parecem muito interessantes ou empolgantes para os clientes, talvez não sejam (e não devam ser desenvolvidos). Apesar disso, o gerente de produto deve continuar repetindo o comunicado à imprensa até que surjam benefícios que realmente pareçam benefícios. Iterar em um comunicado à imprensa é muito mais barato do que iterar no próprio produto (e mais rápido!).

Aqui está um exemplo de esboço para o comunicado à imprensa:

- **Título** - nomeie o produto de uma forma que o leitor (ou seja, seus clientes-alvo) entenderá.
- **Subtítulo** - descreva qual é o mercado para o produto e quais os benefícios que obtém. Uma frase apenas abaixo do título.
- **Resumo** - dê um resumo do produto e do benefício. Suponha que o leitor não vá ler mais nada, portanto, torne este parágrafo bom.
- **Problema** - descreva o problema que o seu produto resolve.
- **Solução** - descreva como seu produto resolve o problema com elegância.

- **Citação sua** - uma citação de um porta-voz da sua empresa.
- **Como começar** - descreva como é fácil começar.
- **Cotação do cliente** - fornece uma cotação de um cliente hipotético que descreve como ele experimentou o benefício.
- **Encerramento e frase de chamariz** - finalize e dê dicas para onde o leitor deve ir em seguida.
- **Adendo opcional** - FAQ (*Frequent Asked Questions* – perguntas frequentes que podem ser feitas com respectivas respostas), respondendo às questões comerciais ou táticas sobre a implementação da solução.

Se o comunicado à imprensa tiver mais de uma página e meia, provavelmente é muito longo. Mantenha-o simples; 3-4 sentenças para a maioria dos parágrafos. Corte a gordura. Não faça disso uma especificação. Você pode acompanhar o comunicado à imprensa com um FAQ que responda a todas as outras questões comerciais ou de execução para que o comunicado à imprensa possa manter o foco no que o cliente obtém. A regra é que, se o comunicado à imprensa for difícil de escrever, o produto provavelmente será uma muito ruim. Continue trabalhando nisso até que o esboço de cada parágrafo flua.

Assim que o projeto entrar em desenvolvimento, o comunicado à imprensa pode ser usado como uma pedra de toque, uma luz guia. A equipe de produto pode se perguntar: "Estamos construindo o que está no comunicado à imprensa?" Se perceberem que estão gastando tempo construindo coisas que não estão no comunicado à imprensa (exagerando), precisam se perguntar por quê. Isso mantém o desenvolvimento do produto focado em alcançar os benefícios do cliente e não em elaborar coisas estranhas que levam mais tempo para construir, consome recursos para manter e não fornece benefícios reais para o cliente (pelo menos não o suficiente para garantir a inclusão no comunicado à imprensa).

Por que você ou uma equipe de produto deve usar o método de trabalho retroativo? Como as equipes de gerenciamento de produto da Amazon explicaram ao longo do tempo, elas encontram vários benefícios em usar o método de trabalho retroativo.

É uma verificação intuitiva útil sobre a viabilidade de um produto ou solução. Elaborar um comunicado à imprensa é muito mais fácil e requer muito menos recursos do que construir um produto mínimo viável ou tentar implementar uma solução pelo método de tradicional ou tentativa e erro.

Quando você ou uma equipe de produto escreve esse relatório/anúncio simulado para a imprensa, você ou eles podem verificar se estão entusiasmados o suficiente com a solução/produto para levar adiante a ideia. Se você ou eles não se inspirarem no rascunho, isso é um bom indicador de que falta algo na ideia da solução/do produto ou de que você ou a equipe não pensou totalmente nos problemas ou na solução.

O comunicado à imprensa pode se tornar um guia útil durante a implementação da solução/desenvolvimento.

Se você ou a equipe decidir que vale a pena seguir uma ideia após esse exercício, você ou eles podem usar o comunicado à imprensa como um guia estratégico à medida que avançam para a implantação/desenvolvimento. O anúncio de imprensa pode ter uma função semelhante ao roteiro do produto. Isso pode ajudar a manter a equipe no caminho certo e alinhada em torno das grandes ideias e planos para a solução/o produto.

Ele apoia o princípio do centrismo no cliente.

Um dos princípios orientadores da Amazon é o que a empresa chama de obsessão pelo cliente. A estratégia da Amazon é começar com o foco no cliente e, em seguida, descobrir quais produtos construir para encantar esse cliente.

Usar o método *Working Backwards* de trabalho se encaixa perfeitamente na abordagem centrada no cliente da Amazon. A equipe do produto precisa pensar em todos os motivos pelos quais criou o produto hipotético, para que possa redigir um comunicado à imprensa atraente para anunciar o lançamento do produto de uma forma que convença o cliente-alvo a sair correndo e comprá-lo.

A menos que a equipe de produto seja obcecada pelo cliente ao escrever o anúncio para a imprensa, esse documento não fará com que essa equipe realmente construa o produto.

AS NOVAS FORÇAS DA CRIAÇÃO DE VALOR

O valor é o que o consumidor realmente compra. O valor diferenciado é a única vantagem competitiva que uma empresa pode ter sobre a outra. Desde que o professor Michael Porter escreveu *Vantagem competitiva*, criando e sustentando desempenho superior em 1985, a discussão sobre como criar valor popularizou-se no meio empresarial. A Cadeia de Valor descrita por ele naquela época preconizava que a empresa construía seu valor por meio de uma série linear de passos que são seguidos na mesma ordem. Ou, podemos dizer, uma cadeia de valor representa o conjunto de atividades desempenhadas por uma organização desde as relações com os fornecedores e ciclos de produção e de venda até a fase da distribuição final. Só que nesses últimos 30 anos o mundo mudou como nunca tinha acontecido e hoje precisamos de novas forças na criação, oferta e captura de valor. Com a evolução da internet e de todas as tecnologias que descrevemos anteriormente, surgiram os negócios inteligentes que modificaram a forma de criação de valor. Nesse novo mundo, conforme o estrategista da Alibaba, Ming Zeng, "as empresas usam o aprendizado de máquina para coletar dados de suas redes participantes para reagir automaticamente ao comportamento e às preferências dos clientes. A empresa inteligente permite que toda a cadeia de valor seja reconfigurada para obter escala e personalização, usando a combinação de duas forças: a coordenação em rede e a inteligência de dados. Essas duas forças gêmeas geram o negócio inteligente".

    Já tínhamos comentado anteriormente que os algoritmos são a nova eletricidade e que moverão os negócios nesta Nova Economia. A essência de um negócio inteligente é a soma da coordenação em rede mais a inteligência de dados. Coordenação em rede é decomposição de atividades empresariais compiladas para que grupos de pessoas ou empresas possam executá-las com mais eficácia... Com o uso da coordenação em rede, atividades empresariais como vendas, *marketing* e todos os aspectos da produção se transformam em processos descentralizados, flexíveis, escaláveis e globalmente otimizados[1]. O que a coordenação em rede pode fazer por seu negócio? Precisamos ter ciência que hoje toda empresa é uma empresa de tecnologia, e que ela tem que permear todos os processos empresariais. O que é impossível para nós seres humanos, como encontrar e exibir para nossos clientes os produtos de acordo o seu perfil, tal como faz a Amazon, ao você buscar comprar um livro, é perfeitamente possível para uma máquina.

---

[1] *Alibaba: estratégia de sucesso*, Ming Zeng. Editora M. Books, 2019.

Já a inteligência de dados é a capacidade das empresas de melhorar de forma rápida e automática, usando a tecnologia de aprendizado de máquina.

Embora diversos algoritmos de *machine learning* existam há muito tempo, a capacidade de aplicar cálculos matemáticos complexos ao *big data* automaticamente – de novo e de novo, mais rápido e mais rápido – é um desenvolvimento recente. Eis alguns exemplos bem conhecidos de aplicações de *machine learning*, dos quais você já deve ter ouvido falar:

- Os carros autônomos? A essência do *machine learning*;
- Ofertas recomendadas como as da Amazon e da Netflix? Aplicações de *machine learning* para o dia a dia;
- Saber o que seus clientes estão falando de você nas redes sociais? *Machine learning* combinado com criação de regras linguísticas;
- Detecção de fraudes? Um dos usos mais óbvios e importantes de *machine learning* no mundo de hoje.

Portanto o uso dessas novas forças para criar valor permitirá que as empresas usem a coordenação em rede para obter valor, alcance e escala maiores do que os concorrentes e mobilizarão a inteligência de dados para tornar a empresa inteligente a ponto de se ajustar habilmente às mudanças do ambiente externo e da mente dos consumidores X.

AS NOVAS MÉTRICAS

Diante deste novo contexto, precisamos de novas métricas. Temos a nossa disposição várias delas que podemos utilizar para aprimorar nossas ações de *marketing* e comercias. Listo a seguir, sem a intenção de relacionar todas, algumas das mais utilizadas:

1. CDM - Consciência da Marca;
2. CPL - Custo por Lead;
3. CAC - Custo de Aquisição de Cliente;
4. LFTV - Life Time Value;

5. CHURN;
6. TICKET MÉDIO;
7. NPS - Net Promoter Score.

Vamos conhecer cada uma delas com maiores detalhes?

- **Consciência da Marca** – mede quão bem as empresas convertem a consciência da marca em ações de defesa da marca. É o portão de entrada para o caminho do consumidor.

- **Custo por *Lead* (CPL)** – é quanto você investiu para obter um *lead* (possível cliente). É a taxa de conversão de *leads* de uma campanha específica e seu custo total. É uma boa métrica para obter *insights* sobre a lucratividade de sua campanha.

- **Custo de Aquisição de Clientes** – é definido pela razão do total de seus custos de *marketing* para aquele período específico pelo número de novos clientes pagantes gerados durante o mesmo período. Ou seja, qual investimento se fez necessário para a aquisição de clientes. Mede quão bem as empresas convertem a consciência da marca em ações de compra.

- *Life Time Value – Customer Lifetime Value* – mede o lucro que sua empresa obtém de um determinado cliente durante todo o relacionamento dele com você. O objetivo é avaliar o valor financeiro vitalício do cliente para ajudá-lo nas tomadas de decisões sobre vendas, *marketing*, desenvolvimento de produtos e suporte ao cliente. Ao fazer essa avaliação, você consegue identificar quem são os seus melhores clientes, como você pode oferecer produtos e serviços personalizados para eles, quanto deve gastar para manter um cliente, entre outros *insights* interessantes.

- **CHURN** – é uma métrica que indica a taxa de cancelamento de clientes em um determinado período. Para calculá-lo, você deve levar em consideração dois fatores: o número de cancelamentos e o total de clientes ativos no início do período que você quer analisar.

- **Ticket Médio** – refere-se ao valor médio que cada cliente gastou fazendo negócios com você. Calcular o *ticket* médio da sua empresa é bem simples: basta fazer a média entre valor bruto do faturamento durante um determinado período pela quantidade de clientes que gerou esse faturamento nesse mesmo período. Essa é uma métrica que o ajuda a entender quais produtos ou serviços são mais rentáveis para o negócio, ajustando as suas ações de *marketing* a partir daí.

- **NPS – Net Promoter Score** – medir o grau de satisfação e o potencial de *marketing* de seus clientes atuais. Quanto mais alto for o seu NPS, maior será o "boca a boca" gerado em favor da sua marca e as chances de cada campanha se tornar um sucesso. A pergunta é bem simples e direta, e foi criada por Frederick Reichheld: em uma escala de 0 a 10, qual seria a probabilidade de seus clientes o recomendarem para alguém?
Por isso, se esforce em descobrir o NPS do seu negócio e aumentar esse número cada vez mais, para conseguir promotores e alavancar seus esforços de *marketing*.
Por fim, essa métrica vai até um pouco além de ver se sua estratégia de *marketing* está funcionando, pois ajuda a descobrir também se a empresa, como um todo, está entregando o que promete.

Lembre-se de que SEUS CLIENTES SE TORNAM VALIOSOS quando:

1. Apresentam sua marca aos amigos;
2. Procuram você para dar boas ideias;
3. São promotores de sua marca nas redes sociais;
4. Colaboram com você quando é solicitado.

Estudos mostram que a cada 3 anos se perde 50% dos clientes. Portanto gerir a satisfação dos nossos clientes é fundamental para termos sucesso nesta Nova Economia. Não que isso seja novo, mas neste novo contexto isso torna-se imprescindível.

CAPÍTULO 5:
COMO DEFINIR ESTRATÉGIAS NA NOVA ECONOMIA?

A estratégia possui um novo playbook

O FIM DA VANTAGEM COMPETITIVA

Já comentei anteriormente com você que nesta Nova Economia as vantagens competitivas são efêmeras, e que a professora Rita McGrath, no seu livro *O fim da vantagem competitiva,* comenta: "É bem provável que as estratégias que funcionaram bem até alguns poucos anos atrás não estejam mais trazendo os resultados que você precisa. Mudanças drásticas nos negócios levaram a uma grande lacuna entre as abordagens tradicionais à estratégia e o mundo real de agora. A estratégia está em um beco sem saída. A maioria dos líderes continua usando modelos concebidos em uma época diferente e fundamentados em única ideia dominante: que o objetivo da estratégia é atingir a vantagem competitiva sustentável. Essa noção, outrora a premissa na qual todas as estratégias eram elaboradas, está se tornando cada vez mais irrelevante"[1]. As empresas hoje precisam aprender a construir um novo caminho para a vitória, identificando oportunidades rapidamente, explorando-as, e já construir as próximas antes mesmo delas se exaurirem. "Quando as vantagens competitivas não duram, ou duram muito menos, o manual estratégico precisa mudar"[2]. Mas como fazer isso? Esta Nova Economia precisa de uma NOVA GESTÃO, esta precisa de uma Nova Estratégia.

---

[1] *O fim da vantagem competitiva. Um novo modelo de competição para mercados dinâmicos,* Rita Gunther McGrath. Editora Elsevier, 2013.

[2] Idem.

Para que você entenda com mais detalhes como isso aconteceu, vou lhe mostrar agora como foi essa evolução do pensamento estratégico.

Podemos voltar ao início do século XX para contarmos essa história. Henry Ford, o inventor do automóvel, lançou e produziu o Ford Modelo T, que popularizou e revolucionou a indústria automobilística. A fabricação ganharia notável incremento a partir de 1913, quando Ford, inspirado nos processos produtivos dos revólveres Colt e das máquinas de costura Singer, implantou a linha de montagem e a produção em série, revolucionando o setor. O T era o primeiro carro projetado para a manufatura. Em consequência, o custo unitário caiu em relação aos concorrentes. E a queda de preço foi constante: em 1908, ano de seu lançamento, cada modelo custava US$ 850; em 1927, último ano de sua fabricação, o preço havia despencado para US$ 290. Era a sua vantagem competitiva. O sucesso era tamanho que o fundador da Ford Motor Company afirmou: "O cliente pode ter o carro da cor que quiser, contanto que seja preto". A Ford era a líder de mercado à frente de todos os seus concorrentes. Então, um dos seus rivais, Alfred Sloan, presidente da General Motors em 1927, percebeu que clientes diferentes tinham desejos diferentes em relação a uma mesma necessidade. Isto é, os clientes necessitam de transporte, mas desejam escolher a cor e modelo do carro. Assim a GM passou a oferecer carros similares aos da Ford em tecnologia, preços e em várias cores. A Ford nunca mais reassumiu a liderança no setor.

Veja que há mais de um século já havia a disputa entre as empresas para terem suas vantagens competitivas. Acredito que, desde que o homem começou a produzir seus primeiros produtos e serviços, já existia a busca por vantagens competitivas. Entretanto não tínhamos uma teoria que servisse de arcabouço para essa prática.

Então, em 1985, surge Michael Porter com o seu estudo das vantagens competitivas.

A estrutura estratégica mais influente no mundo empresarial até então, e defendida por Michael Porter, baseava-se em duas maneiras excludentes de competir no mercado: baixo custo e diferenciação. Para ele, uma empresa poderia atingir a primeira ao reduzir drasticamente seus custos ou escolher a segunda criando algo que seja percebido como singular em todo o setor.

Conforme o professor Arnoldo Hax e o consultor de empresas Dean Wilde II, essa estrutura não explicava as bem-sucedidas estratégias de duas empresas à época: 1) a estratégia da Microsoft, que, até 1998, criou US$ 270 bilhões de valor de mercado, com um posicionamento competitivo diferenciado, sustentado pelo universo econômico de seu sistema como um todo; 2) a estratégia da MCI WorldCom, que em pouco mais de dez anos atingiu US$ 100 bilhões de valor de mercado, com cerca de US$ 30 bilhões de faturamento anual, com uma política de aquisições dedicada à criação de soluções para seus clientes – desde sua fundação em 1985, ela adquiriu mais de 30 empresas.

Pensando nisso, Hax e Wilde fizeram uma pesquisa com cem empresas dos EUA durante quatro anos e concluíram: a estrutura de Porter não abrange todas as maneiras pelas quais as empresas competiam no ambiente daquela época. Elaboraram um novo modelo estratégico, que batizaram de "Modelo Delta", baseado em três opções estratégicas – a Microsoft teria o posicionamento estratégico de *lock-in* de sistema, a MCI se enquadraria em soluções para os clientes e há a opção de melhor produto.

O Modelo Delta tinha grandes diferenças em relação às teorias anteriores, afirmavam seus criadores, tais como o fato de definir posicionamentos estratégicos que refletem fundamentalmente novas fontes de lucratividade, alinhar essas opções de estratégia às atividades (aos processos) de uma empresa e introduzir processos de adaptação capazes de responder continuamente a um ambiente de incertezas. Ele propunha que a empresa encontre os canais de mais difícil acesso e se torne a melhor opção para o cliente exatamente nesses canais. Essa estratégia possui foco no *lock-out* – manter os concorrentes fora do mercado, e não tanto no *lock-in* do cliente.

Alguns anos depois, surge uma nova teoria em busca da vantagem competitiva. Dois professores do instituto francês INSEAD criam *A estratégia do oceano azul*, livro que se tornou *best-seller*. Publicado em 2005 e escrito por W. Chan Kim e Renée Mauborgne, representantes do The Blue Ocean Strategy Institute, localizado no INSEAD, o livro sugere matrizes que podem ser aplicadas em modelos de negócio e analisa casos de grande sucesso em todo mundo, como o do Cirque Du Soleil, que recriou o conceito de circo, e Starbucks, com sua incomparável capacidade de fidelizar clientes. O que se busca agora não é mais vencer a concorrência, mas sim tornar a concorrência irrelevante. O foco é a inovação de Valor.

Dando sequência nesta evolução, temos a Inovação no Modelo de Negócio (*Business Model Canvas*), teoria formulada pelo suíço Alexander Osterwalder, que busca a vantagem competitiva por meio de como os negócios são estruturados. As respostas a: Quem é seu cliente? O que você oferece? (Proposta de Valor) Como você fornece? E como monetiza o negócio? Começam a fazer parte da pauta das reuniões estratégicas de todas as empresas. Foi uma grande contribuição para a gestão empresarial.

Mais recentemente, tivemos a formulação da Teoria da Estratégia como Design, cujos grandes expoentes são os autores de *design thinking* e Eric Ries, autor do livro *Startup enxuta*. O *design* estratégico é uma mentalidade emergente de solução de problemas. Ele utiliza ferramentas e metodologias de *design* tradicional para atender às metas e objetivos de negócios. É fundamentado na análise de tendências e dados externos e internos. As decisões são tomadas com base em fatos e não em estética ou intuição. Ele é frequentemente definido como uma disciplina emergente que usa princípios e práticas de *design* para abordar problemas complexos e inter-relacionados. É multidisciplinar, pois empresta e funde diferentes disciplinas, práticas e métodos.

O foco em criar alinhamento e encorajar redes fluidas dentro de uma organização faz do *design* estratégico uma ferramenta poderosa. Quando empregado de forma eficaz, ele pode ajudar a criar uma organização mais completa – em que a promessa da marca não se reflete apenas em seus pontos de contato de *marketing*, mas também é incorporada em suas operações, experiência do cliente e criação de valor. O *design* estratégico redefine como os problemas são abordados. E, dessa forma, identifica oportunidades de ação e ajuda a fornecer soluções mais eficazes, que por sua vez geram vantagem competitiva.

Por fim, temos a Inovação Disruptiva como fonte de vantagem competitiva. Termo inicialmente utilizado por Joseph Schumpeter, como vimos anteriormente, ganha relevância em um mundo com altas taxas de volatilidade, incertezas, complexidades, ambiguidades e ineditismo. Os trabalhos dos fundadores da Singularity University, Ray Kurzweil e Peter Diamandis, autor da trilogia *Abundância, Oportunidades exponenciais e O futuro é mais rápidos do que você pensa*, dão contribuições decisivas para o arcabouço teórico necessário para as empresas elaborarem suas estratégias que definirão a sua relevância e sucesso nesta Nova Economia.

Para finalizarmos essa introdução da necessidade da mudança na forma de definir estratégias na Nova Economia, trago as conclusões de Magaldi e Salibi Neto[3]:

> *"O novo tratado estratégico deve considerar os efeitos advindos da tecnologia, que permitem que uma empresa consiga aliar foco com abrangência. Em vez de centrar seus esforços no controle da cadeia de valor e ganhos de escala advindos da oferta, a orientação migra para os ganhos de escala advindos da demanda; assim, quanto maior for a amplitude da ação da organização, maiores são os benefícios advindos da sua rede de relacionamentos. Essa amplitude não se restringe à comunidade de clientes, mas engloba todos os agentes que interagem com a organização, como concorrentes, fornecedores e sociedade, gerando conexões de valor. A abrangência dessa rede de relacionamentos resultará em menores custos de operação, com estruturas mais líquidas e menos alavancadas, e mais condições de atender com excelência os clientes, fundamentos para a arquitetura de uma vantagem competitiva transitória... O novo tratado estratégico é uma evolução da escola de estratégia como processo de aprendizado, já que uma das crenças essenciais desse pensamento diz respeito à necessidade de adaptação da organização à alta velocidade das mudanças".*

POR QUE FUTUROS AO INVÉS DE FUTURO. COMO UTILIZAR O CONE DE POSSIBILIDADES?

> "Mudança é difícil, mas a estagnação é fatal."
> **(Peter Bishop)**

Vivemos hoje a Dicotomia do Futuro! Se por um lado ele é invisível, por outro já aconteceu. Anteriormente, quando íamos definir as

---

3 *Estratégia adaptativa – as regras da competição mudaram: você está preparado?* Sandro Magaldi e José Salibi Neto, Editora Gente, 2020.

estratégias empresariais, considerávamos na maioria das vezes um futuro. Diferentemente de hoje, que devemos considerar múltiplos futuros potenciais e devemos criar um ambiente para explorar nossos futuros.

Você pode agora estar se perguntando: mas como isso funciona? Deixe-me explicar. Pensar sobre futuros vai ajudá-lo a ver os *gaps* entre o que você está fazendo e o que você poderia estar fazendo. A habilidade de ver esses *gaps* vai ajudá-lo a tomar decisões para eliminá-los, para que você possa realizar seu futuro preferido em vez de ficar esperando que ele aconteça.

Assim, devemos considerar três tipos de futuro. Os futuros possíveis, que listam todas as opções futuras que podemos considerar; os futuros prováveis, que são aqueles que têm mais probabilidade de acontecer; e os futuros preferidos, que são aqueles intencionais e desejáveis. Esses necessariamente estão contidos dentro dos possíveis, mas não na lista dos prováveis.

A plausibilidade é a consideração do verossímil ou realista. O filtro da plausibilidade é uma forma de relacionar as forças externas com os seus futuros internos. Empurrando seu pensamento para as fronteiras do possível, novos horizontes começarão a aparecer.

Depois de você conhecer qual o futuro que você espera, decomponha-o. Divida-o em etapas e elabore *checkpoints* para verificar se você está se dirigindo a esse futuro.

A parte divertida de trabalhar com vários futuros é que há um número de diferentes futuros possíveis, e não somente um. Como isso muda a forma que você vê o seu presente? Deixe sua imaginação voar!

PREVISÕES NÃO SÃO PREDIÇÕES

Previsões estratégicas foram inicialmente utilizadas de forma marcante na Segunda Guerra Mundial como tática estratégica. O planejamento de cenários posteriormente chamou a atenção das corporações e uma das primeiras organizações a adotá-lo foi a Royal Dutch Shell, no início dos anos 1970, depois seguida por Xerox, American Express etc.

Pensar sobre futuros é simplesmente um caminho para mostrar para a você o poder da imaginação e da criatividade. Seus futuros podem trazer algo bastante diferente do seu presente. Se você simplesmente focar no hoje, ou pior, usar o seu passado para modelar seu futuro, você pode perder várias oportunidades que estão esperando por você. Existem vários caminhos! Então como você pode navegar melhor por suas opções em potencial?

É fundamental que você tenha um *mindset* para vários futuros, pois permite que você articule objetivos de longo prazo e fornece *know-how* para ajustes ágeis quando mudanças acontecerem. Parte da previsão é definir sua visão de futuro. A outra é tomar decisões em direção a essa visão. Esta é a parte dura, difícil.

Questões contextuais em torno de cenários futuros podem incluir:

- Que habilidades possuo ou devo adquirir para tornar isso realidade?
- Quais fatores externos podem impactar o cenário?
- Quem mais será impactado ou envolvido em minhas decisões?

Enquanto previsões são sobre potenciais futuros, estes só fazem sentido em um contexto mais amplo. Qual futuro preferido você almeja e qual você escolhe evitar podem mudar com base em mudanças contextuais mais amplas.

Profissionais de previsão alavancam ferramentas e métodos de previsão a fim de se estender além dos fatos do presente (saber o que sabemos – *Known Knowns*). O exercício de esticar nossas mentes para potenciais futuros ajuda-nos a reconhecer aspectos que não sabemos ainda, mas gostaríamos de rastrear (saber o que não sabemos – *Known Unknowns*). Também abre nossa mente para a possibilidade de que há fatores que podemos não identificar atualmente, que poderão ter um impacto sobre nós em algum ponto futuro (não saber o que não sabemos – *Unknown Unknowns*).

Previsão estratégica é um processo de exame e avaliação mais do que qualquer outra coisa. O começo de um projeto de previsão inicia-se com a condução de entrevistas, escaneamento de tendências em uma ampla fonte de dados e informações, coleta de padrões e eventos aplicáveis que podem impactar seu campo específico de interesse, e análise de dados para criar cenários de futuros possíveis.

Elaborar futuros possíveis requer colaboração. Previsões são difíceis, se não impossíveis, para se fazer sozinho. O objetivo de um empreendedor futurista é trazer à luz futuros potenciais, que podem não ter sido considerados anteriormente.

O objetivo é questionar ou confirmar a trajetória que estamos percorrendo, explorando opções de mudança. Quais são os impactos, efeitos ou consequências dessas potenciais mudanças? E o mais importante, o que isso pode significar para a forma como devemos operar hoje?

Previsões estratégicas são um caminho de abordar como tomar decisões estratégicas com uma visão de longo prazo, ao invés de procurar por soluções imediatas de curto prazo.

CISNES NEGROS E RINOCERONTES CINZAS

Em 2008, o mundo passou por uma grande crise financeira. Então o filósofo e escritor Nassim Taleb criou o Cisne Negro, que é um conceito que pode ser considerado como um momento de crise ou evento raro – que pode ser positivo ou negativo – de grande impacto na economia nacional ou global, bem como na sociedade como um todo.

A origem da expressão é incerta, mas o primeiro a popularizá-la (antes de Taleb) foi o filósofo inglês John Stuart Mill, no Século XIX.

Na Inglaterra do século XVII, acreditava-se que todos os cisnes eram brancos, pois nunca ninguém havia visto um cisne preto. A lógica era que "se ninguém nunca viu, é porque não deve existir". A crença na "impossibilidade" da existência de cisnes negros caiu por terra quando o primeiro cisne dessa cor foi avistado, no século XVIII, na Austrália.

Ou seja, basta UMA ÚNICA observação em contrário, de uma tese qualquer, para que ela "desmorone". Eles são acontecimentos raros, difíceis de prever, têm impacto profundo, podem ser positivos ou negativos, estamos sempre vulneráveis, são exponenciais e são difíceis de serem solucionados.

A lógica do Cisne Negro mudará sua visão de mundo... Um Cisne Negro é um evento com três características altamente improváveis: é imprevisível, ocasiona resultados impactantes e, após sua ocorrência, inventamos um meio de torná-lo menos aleatório e mais explicável.

E o que os Cisnes Negros têm a ver com a estratégia? Na nossa construção do Cone de Possibilidades Futuras, temos que sempre levar em consideração e fazer hipóteses da aparição de um ou mais cisnes negros e como eles impactariam nossos negócios.

Assim como todos os mercados foram afetados e as consequências desse desastre econômico (crise de 2008), que colocou em xeque o capitalismo, foram desemprego em massa e retração financeira internacional, principalmente na Europa. Com isso, houve o aumento da dívida pública externa por conta da necessidade de empréstimos junto ao Fundo Monetário Internacional (FMI). Considerada a pior crise desde a Grande Depressão de 1929, a crise de 2008 ocorreu devido ao estouro de uma bolha imobiliária nos EUA, causada por um aumento nos valores dos imóveis, que não foi acompanhado pelo crescimento da renda da população. Mas será que não dava para prever a crise de 2008? Será que o mercado já não emitia sinais de que a bolha iria estourar?

Se você quiser aprofundar-se na crise de 2008, recomendo o filme *A grande aposta (The Big Short)*, que mostra em detalhes como a bolha imobiliária dos Estados Unidos estourou e quase destruiu o sistema bancário da maior potência mundial. E devido ao peso que os EUA exercem na economia global, a crise ultrapassou continentes e levou outros tantos países ao colapso. Muitos, naquele ano, se questionaram: como ninguém conseguiu prever? O problema é que, de fato, uma minoria previu e se aproveitou do desastre inevitável para lucrar. O filme conta exatamente a história desse pequeno grupo de pessoas que entenderam melhor o que estava por vir antes de todo mundo.

E agora, com a pandemia da Covid-19, será que dava para prever? Os analistas rapidamente a chamaram de um novo cisne negro. O problema é que Taleb tem dito em palestras que os cientistas e muitos dos tomadores de decisão sabiam há muito tempo que o planeta estava mal preparado para uma possível, e até provável, emergência pandêmica.

Então, se não é um cisne negro, o que pode explicar a crise atual? A resposta está numa outra teoria de cunho zoológico mais recente, a do rinoceronte cinza, desenvolvida pela autora norte-americana Michele Wucker, que presta consultoria sobre riscos e que escreveu o livro *The Grey Rhino: How to Recognize and Act on the Obvious Danger We Ignore*[4]

---

4 *The Grey Rhino: How to Recognize and Act on the Obvious Dangers We Ignore,* Michele Wucker. St. Martin's Press, 2016.

(O rinoceronte cinza: como reconhecer os riscos óbvios que ignoramos e agir de maneira eficaz), publicado em 2016 pela St. Martin's Press, e que receberá tradução em português pela Editora Citadel. O conceito trata de eventos de impactos gigantescos que podem estar sendo percebidos ou não, mas que muitas vezes são tratados sem a precaução necessária.

A autora enfatiza em entrevista[5], concedida à Revista *Veja*, em dezembro de 2020.

> *O básico do conceito é aquela coisa grande, perigosa, de grande impacto e assustadora que vem em direção a você. São duas toneladas de peso e com chifres perigosos. É cinza para enfatizar que é mais provável distrairmos a nossa atenção de coisas mais óbvias. O cinza é a cor verdadeira do rinoceronte, apesar de existirem as espécies de rinoceronte negro e branco, cores as quais eles não têm, na verdade, o que acaba reforçando a metáfora. As pessoas fazem as suas próprias interpretações, porque o rinoceronte cinza não está necessariamente em algum lugar. Eu peço para as pessoas imaginarem um animal grande bem em frente delas, bufando e se preparando para atacar. Mas a verdade é que ele pode estar longe no horizonte, ou bem perto de você. Isso faz parte da análise.*
>
> *Então, normalmente, ele pode ser percebido, mas não se sabe como lidar com isso?*
>
> *Usualmente, sim, mas nem sempre. Isso é importante. Muitas pessoas aplicam as suas próprias definições ao conceito de rinoceronte cinza, e dizem que são esses eventos sempre ignorados. Mas já existe uma definição muito mais antiga para isso, que é a do elefante na sala, em que se normaliza ignorar algo grande. O rinoceronte cinza é diferente, ele te dá uma escolha, de o ignorar ou não. Você pode o analisar a partir de suas características, de tamanho e de velocidade, com que vem atrás de você, por exemplo.*

Assim sendo, não esqueça de considerar os Cisnes Negros e Rinocerontes Cinzas quando estiver realizando suas reflexões estratégicas.

---

5 *Esqueça o cisne negro, a preocupação na economia é com o rinoceronte cinza*, Revista *Veja*, publicado 28 de novembro de 2020.

ATIVANDO O RADAR EM TEMPO REAL: SINAIS FRACOS E SINAIS FORTES

Mesmo o desconhecido é possível saber?

"A Peste Negra não se repetirá – a peste é facilmente curada por antibióticos (embora a eficácia dos antibióticos esteja ameaçada) – e um surto significativo de Cólera em um país desenvolvido é altamente improvável. Mas devemos esperar ser atingidos por uma epidemia de uma doença infecciosa resultante de um vírus que ainda não existe". Esta afirmação foi feita no livro *Incerteza radical*, escrito por Mervyn King e John Kay.

Até aí nada demais, hoje todos já sabemos disso. Mas o espantoso é que esse livro foi publicado antes da Covid-19. Como eles sabiam o que iria acontecer?

Para ajudar você a detectar essas grandes mudanças que impactarão o seu negócio, criei o método CIA – Captar, Interpretar e Agir (antecipar-se e adaptar-se).

O primeiro passo do método consiste em você CAPTAR todas as informações relevantes, os sinais fortes e fracos das mudanças que há por vir, para que possa INTERPRETAR como elas impactaram o seu negócio (positivamente ou negativamente) e AGIR (antecipar-se ou adaptar-se).

Utilizando o método CIA, a sua empresa poderá ser Proativa diante do mercado, que é quando a organização antecipa as mudanças que ocorrerão antes das mesmas acontecerem. A segunda opção é sua empresa ser Reativa diante do mercado, que é quando a organização se adapta às mudanças ocorridas. Ou, pior ainda, não reagir, não se adaptar.

Quem você acha que levará mais vantagens: aquele jogador que sabe onde a bola estará ou aquele que vai em busca da bola depois que ela foi movimentada?

E como fazer isso nas nossas empresas? Ativando o radar em tempo real pela captação dos sinais fortes e sinais fracos. Para ativar o radar, reúna sua equipe e faça a seguinte discussão:

Para descobrir Sinais Fortes:
- O que o nosso mercado está nos dizendo?
- O que os outros mercados estão nos dizendo?

- Exemplos: o mundo está sendo movido à tecnologia, aumento da autonomia, aumento da economia compartilhada/colaborativa, necessidade de requalificação profissional etc.

Para descobrir Sinais Fracos:
- O que o nosso mercado não está nos dizendo?
- O que os outros mercados não estão nos dizendo?
- Exemplos: nem sempre a empresa que inventa um novo mercado acaba dominando-o (Apple Music); é comum o cliente escolher a comodidade e economia antes da qualidade etc.

Ninguém consegue planejar para um futuro que não consegue ver. Importante! Quando você capta os sinais fracos, o seu grau de liberdade de ação é maior. Você tem a opção e um tempo maior para testar e validar hipóteses. Pode errar e aprender com menores custos e impactos. Mas à medida que aquele sinal fraco vai se tornando um sinal forte, no qual todos os seus concorrentes começam a percebê-los e adotá-los, o seu grau de liberdade vai continuamente diminuindo até chegar um ponto que se torna imperativo você se adaptar àquela mudança para não correr o risco de desaparecer do mercado.

4 MÉTODOS PARA COLETA DE SINAIS

Existem quatro métodos para coletar sinais:

1. *Desk Research;*
2. Análise da concorrência;
3. Painel com especialistas;
4. Vivências com o consumidor.

1. *Desk Research* – ou pesquisa secundária – é um método no qual você procura e reúne informações de documentos já existentes para adquirir conhecimento sobre um determinado tópico. Para isso, a

Desk Research baseia-se em dados secundários: informações que são coletadas a partir de pesquisas feitas para outras organizações, por outras pessoas. Portanto a *Desk Research* consiste em efetuar pesquisas sobre pesquisas, em vez de conduzir um estudo próprio com observação de campo, entrevistas, testes etc. Uma das que mais utilizo como fonte é o Fórum Econômico Mundial.

2. **Análise da Concorrência** – é a prática de monitorar seus concorrentes, ou seja, negócios que oferecem produtos e serviços similares aos seus – ou disponibilizam soluções para o mesmo público. Também conhecida como análise de mercado, ela pode ser feita em relação a aspectos como produtos e serviços, atendimento, preços, estratégias de *marketing*, gestão comercial etc. Para coletar dados dos concorrentes, navegue pelos *sites* dos seus concorrentes; analise as redes sociais deles; cadastre-se em *newsletters* dos competidores; se possível, visite suas instalações físicas; faça compras nos seus concorrentes; pesquise os sites de reclamações; pesquise os sites de satisfação de ex-funcionários etc.

3. **Painel de Especialistas** – compreende um processo que, recorrendo a um grupo de especialistas no assunto, aprofunda determinada questão. Técnica baseada no estabelecimento de consenso sobre prognósticos ou estimativas; ele é adequado para uso em situações pautadas por incertezas, falta ou inadequação de dados; o consenso é atingido a partir de coleta repetitiva dos dados; a adequada escolha dos especialistas participantes (notável e reconhecido conhecimento sobre o tema em estudo) é parte fundamental do processo.

4. **Vivências com o consumidor** – a "vivência" traz no conceito a própria ideia de participar da experiência, de construir a experiência e de criar a própria experiência a partir das suas necessidades, preferências e vontades, até que a pessoa esteja totalmente absorvida, envolvida e comprometida com aquela experiência. Uma das empresas pioneiras, com relevância mercadológica, na aplicação do conceito de experiência de consumo, como uma estratégia de *marketing* planejada, foi a Apple, que começou a

vender seus produtos de uma forma totalmente nova, dinâmica e experimental, que permitia que os consumidores pudessem tocá-los, testá-los e experimentá-los no ponto de venda, mudando os paradigmas de como os consumidores se relacionavam com as empresas.

DE INDÚSTRIAS PARA ARENAS COMPETITIVAS

Se buscarmos aprofundar o conhecimento sobre qualquer empresa, a primeira pergunta que nos fazem é: qual o setor que ela atua? As empresas na Velha Economia eram separadas por setores. Tínhamos os setores Automotivo; Produtos de Consumo; Varejo, Atacado e Distribuição; Transporte, Hospitalidade e Serviços; Energia, Recursos e Indústrias; Produtos Industriais e Construção; Mineração e Metais; Petróleo, Gás e Produtos Químicos; Energia, serviços públicos e renováveis; Serviços Financeiros; Seguros; Gestão de Investimentos; Imobiliário; Saúde; serviços públicos e governamentais; infraestrutura, transporte e governo regional; tecnologia, mídia e telecomunicações; tecnologia; telecomunicações, mídia e entretenimento.

Tudo isso mudou na Nova Economia. Em vez de setores ou indústrias, temos as Arenas Competitivas. Em vez de termos o setor Saúde, do qual participavam as empresas de Saúde, hoje temos a arena competitiva Saúde e Bem-estar, do qual participam empresas farmacêuticas – Pfizer, Jonhson; empresas de tecnologia – Apple, IBM, Philips; empresas de materiais esportivos – Adidas, Nike; empresas de entretenimento – Disney; empresas de alimentos – Mars, Nestlé, Unilever; empresas hospitalares e clínicas; empresas de equipamentos médicos – Medtronic, Philips; empresas de *softwares* e assim por diante.

Percebeu a diferença? Uma coisa é eu considerar os meus concorrentes as empresas do mesmo setor que atuo. Outra é considerar a arena competitiva, que é muito mais ampla e que me dá possibilidades de criar produtos e serviços que tenham muito mais valor para o cliente.

A professora Rita McGrath[6] comenta:

> *"Uma das maiores mudanças que precisamos promover em nossas organizações é o pressuposto de que a concorrência intrassetorial constitui a ameaça competitiva mais importante. As empresas categorizam seus concorrentes mais importantes como outras empresas atuando no mesmo setor, em outras palavras, empresas que oferecem produtos que podem substituir diretamente uns aos outros. Essa é uma maneira muito perigosa de ver a concorrência. Em cada vez mais mercados, vemos setores competindo com outros setores, modelos de negócios competindo com modelos de negócio até no mesmo setor e categorias completamente novas surgindo praticamente do nada...*
>
> *Não é que os setores tenham deixado de ser relevantes, mas usar o setor como um nível de análise não é mais um critério preciso o suficiente para revelar o que realmente está acontecendo no nível em que as decisões devem ser tomadas. Precisamos de um novo nível de análise, que reflita com maior detalhamento a relação entre segmentos de mercado, ofertas e localização geográfica. Costumo chamar esse nível de arena."*

AMBIDESTRIA ORGANIZACIONAL

O que significa ser ambidestro? É aquele que se serve, com a mesma habilidade ou destreza, das duas mãos. E como esse conceito foi parar na estratégia empresarial, e o que significa?

Vimos que as organizações, para sobreviverem nesta Nova Economia, precisam entregar resultados hoje; melhorar operações amanhã; construir novas formas de rentabilidade e preparar a empresa para a próxima década. Ou seja, precisam cuidar do presente e do futuro ao mesmo tempo. Ambidestria organizacional significa gerar riqueza no presente e gerar valor no futuro. No presente, devemos buscar desempenho, no futuro, vitalidade.

Ser uma organização ambidestra significa aproveitar ao máximo o seu presente e explorar os seus futuros.

---

6 *O fim da vantagem competitiva. Um novo modelo de competição para mercados dinâmicos*, Rita Gunther McGrath. Editora Elsevier, 2013.

APROVEITAMENTO	EXPLORAÇÃO
OTIMIZAR O NEGÓCIO ATUAL - PROJETOS	CONSTRUIR O FUTURO - EXPERIMENTOS/ INVESTIGAÇÕES
• Excelência e agilidade na execução; • Excelência operacional; • Controle e redução de custos; • Rentabilidade; • Máxima eficiência; • Inovações lineares; • Metas desafiadoras; • Clientes apaixonados.	• Teste de hipóteses; • Estabelecer novas métricas; • Capacidade de desenvolver modelos de negócio replicáveis e sustentáveis; • Gerar novo oxigênio de crescimento; • Entendimento e obsessão pelo consumidor; • Novas soluções; • Habilidade de prototipar; • Testar rapidamente hipóteses; • Criar negócios do zero.

As empresas tradicionais podem desenvolver inovações radicais e proteger seus negócios atuais. O segredo? Sendo ambidestra. Otimizando o negócio atual com projetos de melhoria incrementais e construindo o futuro com novos experimentos e investigações sobre novos produtos, serviços, canais de vendas, modelos de negócio, formas de entrega, formas de monetização etc.

O deus romano Janus tinha dois pares de olhos – um par focalizando sobre o que estava atrás, o outro sobre o que estava por vir. Gerentes gerais e executivos corporativos devem ser capazes de relacionar. Eles também devem olhar constantemente para trás, atendendo aos produtos e processos do passado, ao mesmo tempo que contempla para a frente, preparando-se para as inovações que definirão o futuro.

Charles A. O'Reilly III e Michael L. Tushman[7], criadores dessa metodologia, falam sobre o desafio de ser ambidestro:

> *"Este ato de equilíbrio mental pode ser um dos mais difíceis de todos os desafios gerenciais – exige que os executivos explorem novas oportunidades, mesmo enquanto trabalham diligentemente para explorar as capacidades existentes – e não é surpresa que poucas empresas façam isso bem.*

---

[7] *Liderança e disrupção. Como resolver o dilema do inovador*, O'Reilly III Charles (autor), L. Tushman Michael (autor), M Almeida Lizandra (tradutora). Editora Alta Books, 2018.

Empresas de maior sucesso são adeptas de refinar sua corrente oferta, mas elas vacilam quando chegam para ser pioneiras em produtos radicalmente novos e serviços".

Kodak e Blockbuster são apenas dois dos exemplos de empresas dominantes que faliram porque não se adaptaram às mudanças do mercado. Kodak se destacou na fotografia analógica, mas não foi capaz de dar o salto para o digital das máquinas fotográficas. Blockbuster, líder no setor de videolocadoras, não conseguiu perceber as mudanças do mercado e do comportamento do consumidor. É uma história de Davi contra Golias. Davi (a Netflix), com um novo modelo de negócio, conseguiu derrubar Golias (a Blockbuster), até então a gigante mundial do segmento.

O que fazer para não ser *kodakerizado* ou *blockbusterizado*?

OS 3 HORIZONTES DE INOVAÇÃO E CRESCIMENTO

Nesta Nova Economia, precisamos definir estratégias para cuidar do presente e do futuro. O livro *A alquimia do crescimento – os segredos das 30 empresas que mais crescem no mundo* traz uma valiosa contribuição para compreendermos o crescimento empresarial. Através da análise das trinta empresas que mais cresceram no mundo, esse estudo descobriu vários segredos que nos auxiliam nesta tarefa de compreensão.

Podemos iniciar a discussão sobre os Horizontes de Inovação e Crescimento fazendo uma pergunta: o que serve de base para o crescimento sustentável de uma empresa?

Sabe qual foi a resposta encontrada pelos autores desse estudo? A resposta foi a seguinte: a empresa deve manter uma "tubulação" que mantenha um fluxo contínuo de iniciativas que visem à geração de negócios. Parece simples, não?! Mas se a resposta é tão simples, por que todas as empresas não estão inovando e crescendo?

Na opinião dos autores, elas não estão inovando e crescendo porque não utilizam um método chamado de "três horizontes". Mas o que vem a ser os três horizontes? Vamos analisar mais detalhadamente cada um.

A definição dos três horizontes

Os três horizontes são um canal de três estágios que permite distinguir as fases embrionária, emergente e madura do ciclo de vida de uma empresa.

A Gestão dos Três Horizontes

3 HORIZONTES DE INOVAÇÃO		
HORIZONTE 1 Conquistas de curto prazo	**HORIZONTE 2** Conquistas de médio prazo	**HORIZONTE 3** Conquistas de longo prazo
• Manter a força do *core business*; • Gerar receita e eficiência operacional; • Foco no desempenho; • Lucro, retorno sobre o capital; • Defensores do negócio.	• Preparar a empresa para disrupções; • Gerar mudanças e testes no modelo atual; • Foco no contexto/cultura empresarial; • Vendas, valor presente líquido; • Construtores do negócio.	• Manter um passo adiante no segmento; • Reinventar o modelo do negócio; • Foco em explorações; • Valor da Opção; • Visionários/campeões.

O que é o Horizonte 1?

O Horizonte 1 compreende as atividades que estão no âmago da organização – aquelas que clientes e analistas do mercado prontamente identificam com o nome da organização.

Essas atividades, normalmente, são responsáveis pela maior parte dos lucros e fluxo de caixa. São essenciais para o desempenho a curto prazo e o caixa que geram, bem como as habilidades que alimentam, fornecem os recursos para o crescimento.

Normalmente ainda lhes resta algum potencial de crescimento, mas, eventualmente, vão se estabilizar e no futuro possivelmente entrarão em declínio.

Importante: sem o apoio de um Horizonte 1 bem-sucedido, as iniciativas nos Horizontes 2 e 3 provavelmente irão estagnar e morrer. Reforço para você a importância que esse horizonte seja saudável.

O desafio primordial é sustentar sua posição competitiva e capturar qualquer potencial que ainda exista em suas atividades centrais.

Ações típicas para o Horizonte 1 são:

- Programas tradicionais de estímulo das forças de vendas;
- Ampliações da variedade de produtos e serviços;
- Inovações incrementais;
- Busca da excelência operacional;
- Mudanças no *marketing*;
- Reestruturação organizacional;
- Aumento da produtividade;
- Medidas de redução de custos.

Temos que aproveitar ao máximo o Horizonte 1! São os nossos projetos.

O que é o Horizonte 2?

O Horizonte 2 compreende as atividades que estão em ascensão: atividades empresariais nas quais um conceito está criando raízes ou cujo crescimento está se acelerando. São as estrelas emergentes da empresa, são os novos experimentos. Os testes que você poderá fazer com novos produtos, serviços, canais, formas de monetização etc.

Elas podem transformar a companhia, mas não sem um investimento considerável. Embora lucros substanciais possam estar a dois ou três anos de distância, essas atividades já têm clientes e renda, e podem até gerar algum lucro, e as expectativas é que sejam tão lucrativas quanto às do Horizonte 1.

As iniciativas do Horizonte 2 têm como característica uma determinação obsessiva de aumentar a renda e a participação no mercado. Exigem investimento contínuo para financiar sua multiplicação ou acelerar a expansão da empresa. São os nossos experimentos para o futuro.

O que é o Horizonte 3?

O Horizonte 3 contém as sementes dos negócios de amanhã – opções ou oportunidades futuras. São mais do que ideias: são atividades e investimentos reais. São os projetos de pesquisa. São as investigações que estamos fazendo para o futuro do nosso negócio.

Não basta organizar uma longa lista de ideias sem iniciativas deliberadas para desenvolver boas ideias, transformando-as em oportunidades do Horizonte 3. São as nossas apostas para o futuro, são nossas investigações.

Como administrar os três horizontes simultaneamente?

Para que seu objetivo de gerenciar os três horizontes ao mesmo tempo seja bem-sucedido, é necessário desenvolver muitas atividades paralelamente, sem levar em conta seu estágio de maturidade. Elas devem ser administradas simultaneamente e não consecutivamente. Para que a tubulação de criação de atividades tenha sucesso, é preciso que você volte sua atenção para:

- Ampliar e proteger os geradores de lucro atuais no Horizonte 1;
- Construir simultaneamente atividades do Horizonte 2 que se transformarão em propulsores do aumento da receita em médio prazo;
- Promover opções no Horizonte 3 que garantam o futuro da empresa a um prazo mais longo.

Como você deve divulgar os três horizontes?

Você deve divulgá-los como uma cascata, por toda a organização. Todos os líderes devem ter três horizontes para administrar. Quanto maior for o número de gerentes que usam os três horizontes, mais fácil será introduzir a preocupação com o crescimento. Portanto uma tarefa muito importante para você é divulgar e fazer com que todos compreendam os três horizontes de crescimento.

O que podemos aprender com os três horizontes?

Eles podem ser utilizados para promover a inovação e o crescimento de três maneiras:

1. Como ferramenta de diagnóstico, ajudando a avaliar as perspectivas de inovação e crescimento em qualquer nível da organização e a descobrir possíveis lacunas no volume e na consistência de novas fontes de lucro.

2. Como linguagem, oferece uma maneira coerente de se comunicar com os colaboradores e investidores. Facilita o entendimento e discussão das prioridades da empresa.

3. Como filosofia gerencial, obriga gerentes e organizações a pensar no futuro, ao mesmo tempo que pensam nos resultados do trimestre corrente.

Para promover a inovação e o crescimento, você deve primeiro olhar no espelho e perguntar-se: "Meus horizontes estão saudáveis?".

Para olhar no espelho, um líder empresarial deve começar pelos motores de lucratividade já existentes no Horizonte 1 e perguntar-se:

1. Nossas atividades principais estão gerando renda suficiente para nos permitir investir em crescimento?

2. Temos uma orientação para o desempenho que seja forte o suficiente para alavancar os lucros nos próximos anos?

3. Nossa estrutura de custos é competitiva em relação ao resto do nosso segmento-indústria?

4. Nosso desempenho operacional tem sido estável?

5. Nossa participação no mercado cresceu ou ficou estável?

6. Estamos razoavelmente bem protegidos de novos concorrentes, tecnologias que possam mudar as regras do jogo?

Para olhar no espelho, um líder empresarial deve perguntar-se com relação ao Horizonte 2:

1. Temos quaisquer atividades novas capazes de gerar tanto valor econômico quanto às atividades vigentes?

2. Essas novas atividades estão ganhando impulso no mercado?

3. Estamos dispostos a fazer investimentos substanciais para acelerar seu crescimento?

4. Essas novas atividades estão atraindo talento empresarial para nossa organização?

Para olhar no espelho, um líder empresarial deve perguntar-se com relação ao Horizonte 3:

1. Nossa equipe reserva algum tempo para pensar sobre as oportunidades de inovação e crescimento e a evolução da nossa arena competitiva?
2. Já desenvolvemos uma lista de opções para reinventar atividades existentes e gerar novas?
3. Essas ideias são muito diferentes das ideias incluídas na lista do ano passado? De três anos atrás? De cinco anos atrás?
4. Estamos desenvolvendo meios eficazes de transformar essas ideias em novas atividades?
5. Essas ideias já foram traduzidas em primeiros passos tangíveis, concretos, mensuráveis?

A seguir, você encontra as possíveis situações de como a sua empresa pode estar, depois de analisar os três horizontes. O X significa que aquele horizonte não está saudável. O *checkpoint* significa que ele está saudável.

MODELOS DOS 3 HORIZONTES			
HORIZONTES	**1**	**2**	**3**
Sitiado.	✗	✗	✗
Perdendo o direito de crescer.	✗	✓	✓
Perdendo o fôlego.	✓	✗	✗
Inventando um novo futuro.	✗✗	✓✗	✗✓
Gerando ideias, mas não novas atividades.	✓	✗	✓
Deixando de semear para o futuro.	✓	✓	✗

COMO GERENCIAR O PRESENTE E O FUTURO COM O USO DE KPIS E OKRS

As pessoas sempre ficam em dúvida de como gerenciar o presente e o futuro. Devo continuar a usar os KPIs – *Key Performance Indicators* ou devo usar os OKRs – *Objetives and Key Results*? Como já sabemos, ser ambidestro significa gerenciar simultaneamente o presente e o futuro, e para cada uma destas dimensões existe os indicadores corretos para utilizarmos.

Para gerenciar o presente, devemos utilizar os KPIs. Permita-me lembrá-lo do conceito. Um indicador-chave de desempenho são ferramentas de gestão para se realizar a medição e o consequente nível de desempenho e sucesso de uma organização ou de um determinado processo, focando no "como" e indicando quão bem os processos dessa empresa estão permitindo que seus objetivos sejam alcançados.

Existem diferentes categorias de indicadores, que podem ser indicadores quantitativos, indicadores qualitativos, principais indicadores, indicadores de atraso, indicadores de entrada, indicadores de processo e indicadores financeiros. KPIs são "veículos de comunicação", pois permitem que você comunique aos seus liderados o quão eficiente um processo é e como está seu desempenho ao longo de um período determinado.

De posse dessas informações, reúna sua equipe para traçar planos de ação para o atingimento de determinadas metas ou até mesmo valer-se dos KPIs para saberem se estão ou não no caminho certo.

O passo mais difícil na construção de um KPI talvez seja a definição da meta que se deseja alcançar. Isso porque você precisa saber exatamente aonde quer chegar e o que é relevante ao seu processo. O principal erro que você deve evitar é o emprego de tempo e esforço em atividades que não são relevantes. Às vezes sou convidado para fazer uma avaliação de como está o sistema de gestão de resultados de algumas empresas, e com o que me deparo é uma leitura de uma quantidade enorme de KPIs, não gerando reflexões e planos de ações corretivos. Como o próprio nome diz, *Key Performance Indicators* significa os indicadores que são chaves, os essenciais. O segundo maior erro é apresentar os KPIs sem uma análise prévia do resultado, porque ele aconteceu, o que o impediu de ser gerado.

Os KPIs são fundamentais para você ter um Horizonte 1 saudável, pois eles contribuem para o alcance da excelência operacional, desempenho, lucratividade.

Você deve utilizar os KPIs para gerenciar o seu presente, mas que ferramenta usar para gerenciar o futuro? Recomendo que você utilize os OKRs. Eles são um modelo de gestão ágil de desempenho com foco em resultados, e eles funcionam também como uma ferramenta de comunicação interna: pois integram as equipes através da formulação de objetivos relacionados ao propósito, aos valores e à estratégia corporativa.

Os OKRs acompanham as entregas individuais, das equipes e da empresa e expõem os resultados de uma forma aberta e transparente.

Os OKRs respondem as estas duas perguntas:

1. Aonde quero ir? (objetivos)
2. Como sei que estou chegando lá? (resultados-chaves para garantir que o progresso esteja ocorrendo)

As principais características dos OKRs são:

- Os objetivos são o sonho; os resultados-chaves são os critérios de sucesso (ou seja, uma forma de medir o progresso gradual em direção ao objetivo);
- Os objetivos são qualitativos e os resultados-chaves são quantitativos;
- Os OKRs e as avaliações de colaboradores não são a mesma coisa;
- Os OKRs envolvem as metas da empresa e como cada colaborador contribui para essas metas. As avaliações de desempenho são independentes dos OKRs;
- Os objetivos são ambiciosos e dão uma sensação de desconforto.

"Se não tiver um número, não é um... resultado-chave."
(Marissa Mayer, ex-CEO do Yahoo)

A CONVERGÊNCIA DA ESTRATÉGIA + INOVAÇÃO + TECNOLOGIA

Durante muito tempo, vimos essas três palavras de forma isolada. Eu poderia pensar em estratégia sem fazer o *link* com inovação e poderia pensar em inovação sem necessariamente pensar em tecnologia. Isso era possível na Velha Economia, mas hoje na Nova Economia, não mais.

Estratégia é Inovação e Inovação é Estratégia. Não há mais como desassociar essas duas coisas. Se estratégia é garantir a sobrevivência, crescimento e longevidade do negócio, então é impossível deixarmos de utilizar a inovação para atingir esse resultado. O que garante que a empresa se antecipe e se adapte a esse mundo extremamente volátil é a capacidade que a empresa possui de inovar. E não tem como pensar em inovar se não pensarmos em agregar a tecnologia a essas novas formas de fazer.

As empresas da Nova Economia utilizam a tecnologia para implantar novos modelos de negócios que criam, ofertam e captam valor de uma forma diferente. Quem não utilizar as tecnologias disponíveis corre o risco de ser varrido do mapa ou perder sua relevância.

BARREIRAS TÍPICAS PARA A INOVAÇÃO E CRESCIMENTO

A resistência é uma reação natural e previsível no processo de mudança e corresponde a um processo emocional que ocorre em todos os indivíduos afetados pela transformação. Algumas manifestações de resistência observadas são: o temor, a insegurança e a perda de controle. A resistência deve ser transformada em força para a mudança, ou seja, não deve ser diretamente combatida. Devemos reconhecer a expressão aberta, honesta e construtiva da resistência.

Assim sendo, vamos conhecer quais as principais barreiras para a inovação e o crescimento?

- *Gap* **para incentivos de carreira individuais** – não existem incentivos para estimular as pessoas a crescerem nas suas carreiras;
- **Muitos "silos"** – os departamentos organizacionais são isolados, estanques, verticalizados e não possuem uma visão sistêmica do negócio. É cada qual olhando para "seu umbigo". Uma vez conversando com um empresário sobre os resultados que ele esperava com nosso projeto de consultoria, ele comentou que somente desejava um resultado. Ansioso, perguntei qual. Ele me respondeu: "Que você acabe com os

inferninhos da empresa. Aqui cada departamento é um inferno, e o pior é que um diabinho é que toma de conta";
- **Não é o trabalho mais importante de ninguém** – as pessoas são pagas para fazer seus trabalhos. Não está no "*job description*" de ninguém na empresa a inovação e a busca do crescimento;
- **Foco nos ganhos trimestrais** – a visão de curto prazo impede que a empresa busque investir nos Horizontes 2 e 3. O foco sempre é em gerar riqueza, mas o que garante a longevidade da empresa é também gerar valor;
- **Não há incentivos para trabalho nos projetos de inovação e crescimento** – a empresa não desenvolve nenhum programa ou projeto para estimular suas equipes a inovar;
- **O core do negócio atual é muito forte** – o negócio atual gera muito caixa, lucro e a empresa não considera prioridade buscar novas fontes de receita, novos modelos de negócio. Foi o que aconteceu com a Kodak;
- ***Gap* do foco no cliente** – a empresa não tem foco no cliente. Ainda não adotou um dos princípios da Nova Economia, que é ser uma empresa *customer centric*;
- **Inovações são muito pequenas para serem relevantes** – algumas inovações incrementais acontecem, o que melhora o desempenho atual. Mas as inovações disruptivas não são discutidas;
- **Medo de canibalizar o sucesso no negócio principal** – o receio de canibalizar o modelo de negócio atual inibe as mudanças;
- **Inovações são ocasionais** – as inovações acontecem de forma esporádica, sem objetivos pré-definidos e sem ligação, muitas vezes, com a estratégia do negócio;
- **A gestão deseja resultados de curto prazo** – os gestores reforçam o foco somente no curto prazo em detrimento de ações de médio e longo prazos;
- **Medo do fracasso** – a cultura da empresa reforça o medo do fracasso. As pessoas não se permitem errar, ousar. Não compreendem que quantos mais erros mais aprendizados;

- **Não nos sentimos bem com resultados imprevisíveis** – as pessoas da empresa reforçam a busca de um mundo estável, quando sabemos que a realidade de hoje é a instabilidade. Taleb afirma que, enquanto a maioria é obcecada em eliminar a volatilidade, poucos são os que estão dispostos a encarar o desafio de ganhar dinheiro com os erros que cometem;
- **As estruturas atuais dificultam implementar inovações** – a arquitetura organizacional da empresa é estruturada em muitos níveis hierárquicos, com muitas regras e políticas. O modelo ainda é muito baseado em comando, cobrança e controle.

Quero concluir este capítulo convidando você a fazer uma reflexão de quais foram os principais aprendizados. O que precisa desaprender e o que é necessário reaprender para que você adote esta nova forma de definir estratégias no seu negócio.

Tem uma máxima no Vale do Silício que quero compartilhar com você. Definir a estratégia é muito importante, mas não é o suficiente.

O ditado é: "A execução faz picadinho da estratégia".

"Não sabemos se o futuro que esperamos vai realmente acontecer, mas devemos estar preparados para qualquer futuro."
Eduardo Gomes de Matos

CAPÍTULO 6:
COMO CONSTRUIR A CULTURA CERTA?

A cultura come a estratégia no café da manhã!

REVELANDO O SIGNIFICADO DA CULTURA ORGANIZACIONAL

A regra é clara: sem cultura, nada feito! Quero iniciar a nossa conversa sobre cultura organizacional com a frase de um líder que promoveu uma das maiores mudanças de cultura empresarial recentemente. Estou falando de Satya Nadella, o CEO da Microsoft. Nas palavras de Nadella:

> "A renovação da cultura da empresa seria a minha prioridade. Afirmei que me dedicaria a remover impiedosamente as barreiras à inovação para que todos nós pudéssemos retomar a nossa missão de fazer a diferença no mundo... Nosso futuro já está em grande parte dentro de nós e nossa trajetória é decidida por nossas ações de hoje".

Quando ele foi nomeado o terceiro CEO da Microsoft em 2014, sucedeu a Steve Ballmer e Bill Gates, ele fez questão de dizer a toda a sua equipe que a renovação da cultura da empresa seria sua prioridade. Nadella relata esta Jornada de Transformação no seu livro *Aperte o F5*[1]. Ele aborda tanto a transformação pessoal pela qual passou, de como teve que aprender a ser líder, bem como narra todas as mudanças de valores e estratégia de uma das empresas mais conhecidas e renomadas do mundo. *Aperte o F5* traz as reflexões de um improvável, mas dedicado,

---

[1] *Aperte o F5: a transformação da Microsoft e a busca de um futuro melhor para todos*, Satya Nadella. Editora Benvirá, 2018.

líder em busca de melhorias – para ele próprio, para a Microsoft e para a sociedade, motivando líderes do mundo todo a pensar no futuro com novos olhos. Vale a pena a leitura!

Magaldi e Salibi Neto[2] afirmam que:

> "A liderança pelo exemplo ganha contornos ainda mais intensos em uma transformação cultural, uma vez que o ritmo das mudanças e consolidação de novas práticas, processos e rituais serão dados por seus líderes".

E por que a cultura organizacional é tão importante?

Porque a cultura é o jeito que a organização faz as coisas acontecerem. É como as pessoas agem quando você não está, daí a importância da cultura. Tem uma famosa frase que diz: "A cultura come a estratégia no café da manhã". Não adianta definirmos a melhor estratégia se a cultura da nossa organização não está alinhada com essa busca que desejamos para o nosso futuro.

E o que é cultura organizacional? Existem inúmeros livros e definições, vamos utilizar duas dessas definições para entendermos a importância de termos a cultura certa para essa Nova Gestão.

Cultura é "o sistema de ações, valores e crenças em comum que se desenvolve em uma organização e ajuda a orientar seus membros". Em outras palavras, é a forma como pensamos e agimos dentro da nossa empresa. Cultura é como resolvemos os problemas. Os países, povos, famílias e empresas possuem culturas diferentes. Traços culturais que as caracterizam na arquitetura, culinária, música, arte etc., o mesmo acontece com as empresas. Cultura, em essência, é o que define sua missão, suas prioridades e sua maneira de fazer negócios. E, vale ressaltar, a cultura sempre começa com os líderes da empresa.

Imagine que você está em uma reunião na sua empresa fazendo um *brainstorming* sobre como implantar uma inovação para proporcionar o crescimento da sua empresa e alguém chega e diz:

"Tive uma grande ideia!"

Mas ao ouvir a ideia logo os membros da sua equipe começam a falar:

---

2 *O novo código da cultura: vida ou morte na era exponencial,* José Salibi Neto e Sandro Magaldi. Editora Gente, 2019.

"Não vai funcionar aqui"
"Já tentamos antes"
"Esta não é a hora certa"
"Não pode ser feito"
"Não é assim que fazemos as coisas"
"Até agora não precisamos disso"
"Vai custar caro demais"
"Vamos discutir isso na próxima reunião"

O que acontece depois? Nada! Pois a cultura empresarial não contribuiu para que as ideias florescessem. Com certeza, a cultura dessa empresa valoriza por demais o *status quo*.

Nas palavras de uma das maiores autoridades sobre cultura organizacional, Richard Barret:

> *"Se você quiser aumentar a sua habilidade de sobreviver e crescer, tem que ter os funcionários mais comprometidos e entusiasmados que puder encontrar".*

Ele afirma de forma categórica por que cada indivíduo e cada organização tomam centenas de decisões a cada dia. Essas decisões são um reflexo dos nossos valores e crenças e estão direcionadas a um propósito específico. O propósito para o qual se direcionam é a satisfação das nossas necessidades individuais ou coletivas.

"O que faz a diferença para uma organização bem-sucedida é a formação de uma coalizão entre os profissionais que ali estão – e isso se dá por meio de uma cultura", afirma o consultor brasileiro Marco Tulio Zanini.

As empresas finalmente estão entendendo que precisam resgatar sua essência. Mas essa busca não é nada fácil. Metade das companhias não tem um final feliz. De acordo com o relatório *Human Capital Trends*, 9 em cada 10 executivos apontam a cultura corporativa e o engajamento como os mais importantes desafios. Já de acordo com o relatório *Culture's Role in Enabling Organizational Change*, apenas metade das iniciativas de transformação alcança e sustenta suas metas. Essa ideia é reforçada pelo professor Robert Stringer, quando afirma: "O maior obstáculo que a maioria das empresas enfrenta é que sua cultura corporativa não combina com o modo como as pessoas precisam trabalhar na nova economia". Precisamos ter o chamado "*fit cultural*".

É a cultura que alavanca todo o processo de "metamorfose" dos modelos de gestão e desenvolvimento, daí a sua importância nos dias de hoje, que temos que estar mudando continuamente. Mas como devemos construir ou mudar a cultura da nossa empresa?

A CONSTRUÇÃO DA CULTURA

Como construir uma cultura do nível de uma Southwest Airlines, Zappo's, Google, Netflix, Nubank, Quinto Andar, iFood, 99 e tantas outras empresas de sucesso da Nova Economia? Considere os seguintes pontos:

1. É preciso ter em mente que esse é um projeto de longo prazo. A maioria dos especialistas diz que são necessários de três a cinco anos para mudar a cultura de uma empresa. Jeff Bezos afirma: "A cultura de uma empresa é criada devagar, ao longo do tempo, pelas pessoas e pelos eventos. Para o bem ou para o mal, é algo estável, duradouro e difícil de mudar". Porém, o ex-presidente do Grupo Pão de Açúcar, Claudio Galeazzi, dizia: "Basta dar uns dois ou três tapas bem dados que podemos mudar a cultura de uma organização". Acredito que as duas correntes de pensamento estão corretas. A pandemia foram dois ou três tapas bem dados na cultura de muitas empresas, que tiveram a obrigação de fazer a transformação para poderem sobreviver.

2. A cultura empresarial deve ser capitaneada pelo empresário e apoiada por líderes. Esse é um trabalho indelegável do maior líder da empresa.

São três as características que a cultura deve ter para gerar resultado competitivo superior: gerar valor financeiro; ser rara (única) e difícil de ser imitada. As empresas com culturas mais fortes mantêm a coerência entre o propósito (o porquê), a estratégia (o que) e a cultura (o como).

Uma dica: NÃO IMITE A CULTURA. Este é um grave erro. Seja porque está na moda ou porque é proferida por organizações de sucesso. Devemos pesquisar essas empresas como fontes de inspiração para que possamos criar ou mudar a nossa cultura, mas nunca as copiar.

Qual é o tipo de cultura mais alinhado com as demandas atuais? Segundo José Salibi Neto e Sandro Magaldi, no seu livro *O novo código da cultura*[3], é aquela que coloca o cliente no centro do negócio, ou seja, *customer centric;* possui uma cultura de aprendizado e resultado para cumprir o propósito da organização.

Para que possamos ter uma cultura adequada a esta Nova Economia e à Nova Gestão, vou listar alguns princípios que você pode levar em conta ao considerar mudar a cultura da sua empresa.

Nos Princípios da Cultura das empresas da Nova Economia, estão sempre presentes alguns dos aspectos a seguir:

- Começam sempre com o problema que irão resolver, a tal da "dor" do cliente;
- Têm obsessão pelo cliente. Colocam o *"job to be done"* pelo cliente no centro dos seus negócios;
- Buscam um novo jeito de trabalhar;
- Idealizam novos modelos de negócios;
- Grandes ideias podem vir de qualquer lugar, todo mundo é um inovador;
- Têm um *mindset* digital;
- Contratam e lidam com pessoas talentosas, contratam o time certo;
- Buscam construir uma marca empregadora;
- As pessoas têm autonomia, eliminam o modelo de gestão de comando, cobrança e controle;
- Todo mundo tem que entregar;
- Incentivam o "fracasso bem-sucedido". Possuem disposição para testar e têm o erro como vantagem;

---

3 Idem.

- Apostam em grandes ideias;
- Praticam a inovação de forma constante;
- Possuem obsessão desapegada. Obsessão para buscar incansavelmente fazer dar certo e desapegada para abandonar sua ideia quando não é mais o que os clientes desejam;
- Buscam trabalhar em times;
- Aplicam um pensamento de longo prazo;
- A paixão e o inconformismo são o que as movem. O propósito não é fazer dinheiro de início, o dinheiro vem depois;
- Todos têm "cabeça e atitude de dono";
- Agilizam as tomadas de decisão;
- Simplificam o que é complexo;
- Aceleram por meio da tecnologia;
- Focam em padrões de excelência;
- Têm uma mentalidade "*always beta*". São eternos aprendizes;
- Consideram que todo dia é o "D 1", estão sempre começando;
- Têm uma mentalidade voltada para o risco e o crescimento.

Cultura é o nosso "jeitão de ser", e você deve definir o da sua empresa. Isso fará toda a diferença. A cultura é uma parte do ar que respiramos e é reforçada ou diminuída por inúmeras decisões, práticas e sistemas implementados. Além disso tudo, os líderes precisam definir a cultura certa, que conecta as promessas feitas para os clientes com as ações das pessoas da empresa. A cultura certa deve reforçar conscientemente quatro capacidades para as empresas da Nova Economia: leitura do ambiente, obsessão pelo cliente, inovação e agilidade.

CAPÍTULO 7:
ARQUITETURA ORGANIZACIONAL

O que está por trás das organizações da Nova Economia?

REINVENTANDO AS ORGANIZAÇÕES

Novos modelos de negócios estão surgindo em todos os setores e cada vez mais exigem que os líderes estruturem empresas adaptadas à Nova Economia.

Perturbações do mercado e um panorama competitivo em rápida evolução, impulsionado por novas tecnologias, levantam questões existenciais sobre como as empresas foram estruturadas.

No emblemático livro *A gestão do amanhã*[1], José Salibi Neto e Sandro Magaldi afirmam:

> *"Registros históricos apontam que o organograma foi criado em 1856. Faltam adjetivos para descrever quão bizarra é a constatação de que a maior parte das organizações do mundo utiliza, de forma central em seus negócios, uma ferramenta estratégica que foi desenvolvida há mais de 150 anos!"*.

O imperativo de enfrentar os desafios da sociedade requer novas formas de liderança empresarial, arquiteturas organizacionais.

As novas gerações apontam para onde estamos indo. Sempre chegam para romper com todos os modelos anteriores. Os *millenials*, a "geração da transição", como também é chamada, é assim: Conectada, Consciente, Disruptiva, Fluida, Sustentável, Livre, tem Propósito, Alta Performance e

---

[1] *Gestão do amanhã: tudo o que você precisa saber sobre gestão, inovação e liderança para vencer na 4ª. Revolução Industrial,* Sandro Magaldi e José Salibi Neto. Editora Gente, 2018.

é Imagética. Uma pesquisa realizada com *millenials* descobriu que 91% trocariam marcas por outras associadas a um propósito; 84% deles preferem fazer a diferença no mundo a ter reconhecimento profissional.

Diante desse novo perfil, as empresas precisam ser estruturadas para atender a esses anseios dessa nova geração. O fato é que precisamos de uma nova forma organizacional, que seja mais adaptada a este NOVO MUNDO.

O trecho abaixo é do livro *Em busca da empresa quântica*, de Clemente Nóbrega:

> *"Insisto em dizer 'auto-organização' porque essa dinâmica (na natureza) ocorre por si própria. Não há ninguém mandando, no controle. É lidando com a flutuação e a instabilidade de forma criativa que os organismos auto-organizadores crescem e evoluem [...]. Auto-organização lembra autorreferência: uma estrutura evoluindo e tornando-se mais complexa sem deixar, porém, de se referir a si própria. Sem deixar de ser ela mesma".*

É assim que devemos pensar as organizações. Elas seguem uma lógica mais orgânica que mecânica. Não são máquinas.

Estar vivo hoje não é o ponto. A questão que cerca as organizações atualmente é plantar as sementes que garantam a permanência no futuro. Cada vez há mais modelos de excelência do passado lutando para não quebrar. Ser capaz de manter-se evoluindo criativamente é outra característica dos dois mundos – o da ciência e dos negócios. As organizações também têm que aprender novas linguagens e narrativas a cada fase da sua evolução.

Todo negócio bem-sucedido está associado a um processo de aprendizagem. Todo processo evolutivo é movido a desafios. Vencê-los é a condição para que o sistema continue a evoluir. O contrário é a morte. Sempre digo nos bastidores de uma Grande Empresa, sempre há uma Grande Escola.

No mundo dos negócios atual, a competência se mede pela capacidade de lidar com as mudanças. A capacidade de se adequar, de ter uma mentalidade de crescimento, uma cabeça revolucionária, sem a ilusão de que esquemas sejam válidos para sempre.

A taxa de mudança era razoável e as coisas evoluíam em um ritmo em que as pessoas normais conseguiam acompanhar, mas hoje, a necessidade de se desconstruir o que construiu é contínua. A necessidade de mudar o que "sempre deu certo" é a principal regra do jogo.

Nossas construções terão que ser mutantes por princípio. Terão que ser feitas não "para durar", mas "para mudar". As novas organizações aceitam e incorporam em seus valores sua estrutura e a capacidade de mudar dinamicamente. Não são simplesmente organizações que aprendem. São organizações que aprendem desaprendendo, a todo momento. E estão tranquilas com isso, pois estão programadas para desaprender. Por isso, será necessário estabelecer uma nova lógica nas organizações.

Mas antes de conhecermos a arquitetura organizacional das empresas da Nova Gestão, vamos rever o conceito?

Design Organizacional é o processo de desenhar, definir ou adaptar a estrutura organizacional explícita (ou seja, os acordos da organização). Esse processo busca responder:

- Quem é responsável por cada coisa;
- Quem tem a autoridade para decidir cada coisa;
- Quais são os limites dessa autoridade;
- Quem reporta para quem;
- Quem tem controle sobre os recursos financeiros;
- Como a informação flui na organização.

Temas (direta e indiretamente) tratados na estrutura:

- Propósito (ou Escopo);
- Papéis e Responsabilidades;
- Fluxo de Informação;
- Arquitetura das Reuniões;
- Tomada de Decisão;
- Estrutura Organizacional;
- Estratégia e Metas;

- Gestão de Crises;
- Gestão de Conflitos;
- Gestão de Performance;
- Admissões e Desligamentos;
- Remuneração e Incentivos;
- Aspectos Culturais;
- Acordos Comportamentais.

...E demais temas que impedem ou potencializam a evolução da organização...

O modelo atual, na maioria das organizações, ainda é baseado em uma lógica antiga, desenvolvida na idade da máquina, na era industrial. Esse modelo não reconhece a complexidade nem das pessoas nem das organizações, pensa de forma setorizada.

As mudanças estão sendo muito rápidas, exponenciais. É necessário estabelecer uma nova lógica de cooperação. Nada como o poder do coletivo e de trabalhar junto para chegar a esse objetivo. Mas esse "trabalhar junto" é bem desafiador (principalmente em relação à eficácia e abertura para a participação de todos). Para começar, é preciso ser capaz de atrair colaboradores talentosos, clientes talentosos, parceiros talentosos, fornecedores talentosos, pois todos vão trabalhar em rede.

O cliente comprará uma ideia ou produto levando em conta a percepção de valor que tem dessa rede. Essa percepção não será mais construída pela propaganda, mas sim pelo nível de envolvimento com a organização – através da vivência de experiências, na cocriação de produtos, na troca através da transparência e da abertura do diálogo, e por aí vai.

Para administrar isso, vamos precisar saber articular processos, e não "coisas" ou eventos, não são atividades separadas. A Nova Economia é um mundo fluido, de processos, não de coisas. De relações criativas, não de estruturas rígidas.

As organizações agora precisarão de outras características que não são tão pragmáticas. Lucro é uma condição necessária. Não se discute.

Porém não é mais suficiente. Lucro só garante que você se mantenha no jogo, não pode ser somente finalidade do jogo.

Na nova lógica, a organização reconhece, e aplaude, o fato de que somos seres humanos, relacionais, que só definimos perfeitamente em função de relações que nos transcendam e complementam, ao mesmo tempo que reforçam nossa individualidade. A nova organização é flexibilidade à procura de significado, não de força ou poder.

> "Você nunca muda as coisas lutando contra o que já existe. Para mudar alguma coisa, construa um novo modelo que faça com que o modelo atual se torne obsoleto."
> **(Richard Buckminster Fuller)**

Segundo previu o futurólogo John Naisbitt (repare como valorizamos hoje os que estudam o futuro):

> *"Os avanços mais emocionantes do século 21 não ocorrerão por causa da tecnologia, mas por conta de um conceito em expansão do que significa ser humano".*

O próximo estágio na evolução humana corresponde ao nível de "autorrealização" de Maslow, amplamente designado como autêntico, integral ou autogestão.

Até este momento da história, a humanidade experimentou quatro maneiras de colaborar em ambientes organizacionais, com base em quatro visões de mundo muito diferentes: Impulsivo-Vermelho, Conformista-Âmbar, Realizador-Laranja e Pluralista-Verde.

Cada um desses modelos organizacionais trouxe grandes avanços, nos permitindo lidar com problemas mais complexos e alcançar resultados em uma escala sem precedentes.

Tecnicamente, as organizações podem ser definidas como associações de pessoas que combinam esforços individuais e em equipe com a finalidade de realizar propósitos coletivos. Exemplos mais próximos de nossa realidade são as empresas, associações, órgãos do governo ou entidades públicas. Também são exemplos de organizações, mais distantes da atualidade, as tribos e feudos da Idade Média.

Independentemente do tipo, fato é que desde o surgimento do homo sapiens na Terra observa-se a existência de algum tipo de organização do ser humano, seja com o objetivo de sobrevivência, domínio ou colaboração.

De forma mais abrangente, as organizações constituem um reflexo de diversos elementos, como a própria história, paradigmas dominantes do momento, além das necessidades emergentes da sociedade.

Ou seja, podemos inferir que as organizações são por si só complexas e mutáveis. Estão sujeitas a mudanças vindas do ambiente externo, além de poderem liderar suas próprias transformações de acordo com o que compreendem do mundo e do que almejam alcançar.

Contudo mudanças nas estruturas ou modelos de gestão, ainda mais quando arraigados, costumam ser difíceis de serem realizadas.

E por que será que é tão difícil mudar?

Porque mudanças organizacionais estão relacionadas ao que de mais abundante e ao mesmo tempo mais limitante nós temos: nossos paradigmas. Nossas crenças. Aqui, estamos falando de indivíduos, de pessoas. Organizações não mudam sozinhas, precisam que seus indivíduos o façam.

Nesse sentido, um dos principais paradigmas organizacionais que está em xeque atualmente é o formato hierárquico piramidal, no qual se tem poucos gestores tomando decisões e a maior parte de trabalhadores na base, que recebem ordens e executam as definições da alta administração. É preciso acabar com o comando, cobrança e controle.

Essas estruturas parecem estar em colapso, uma vez que o mundo de hoje muda muito rápido e decisões de topo tendem a ser mais lentas. Além disso, as estruturas hierárquicas minam a sensação de pertencimento dos colaboradores, gerando desmotivação e perdas constantes de talentos.

Nesse contexto é que em 2012 o pesquisador belga Frederic Laloux, insatisfeito com a lentidão com que as organizações de adaptam à nova realidade, deixa o seu trabalho como associate principal na McKinsey & Co. Ele passa dois anos e meio investigando as práticas de gestão de empresas mais horizontais, que favoreçem o desenvolvimento dos potenciais de seus colaboradores.

Frederic Laloux definiu critérios e selecionou 12 organizações na Europa e EUA, de 100 a 40.000 colaboradores, de diversos setores como energia elétrica, alimentos, saúde e consultoria tecnológica.

Dessa investigação, somado a sua experiência em diversos tipos de organizações, em 2014, Laloux lançou um livro que vem revolucionando diversas organizações: *Reinventing Organizations* [2] (*Reinventando as organizações: um guia para criar organizações inspiradas no próximo estágio da consciência humana*).

Neste livro, é apresentado um modelo conceitual da evolução das organizações ao longo da história. Isso inclui as etapas e paradigmas que as governam e os limites e progressos de cada uma. Para cada estágio da evolução organizacional, ele define uma cor: vermelho, âmbar, laranja, verde ou *teal* (azul-esverdeado em inglês).

Elaborei aqui um resumo, baseado nos estudos de Laloux, de cada um desses estágios, para aprofundarmos a nossa compreensão e para que você possa analisar em qual estágio a sua empresa se encontra.

Contudo, antes de prosseguirmos, tenha em mente que o intuito aqui não é classificar um estágio como melhor ou pior que outro. Mas sim lançar luzes para o autoconhecimento organizacional e quem sabe servir de subsídio para a implantação de novas estratégias de gestão. Uma organização pode estar em mais de um estágio ao mesmo tempo, mas normalmente haverá alguma predominância.

ORGANIZAÇÕES IMPULSIVAS-VERMELHO

Força, poder e medo são elementos preponderantes neste tipo de organização.

Surgiram há mais de 10.000 anos, com as pequenas tribos em busca de sobrevivência. Um líder, através de sua força, possui poder e lidera a organização, mantendo as pessoas com medo para atingir seus objetivos. Geralmente, atos de crueldade são vistos. Não existem hierarquias formais ou títulos. Isso limita o crescimento desse tipo de organização. São

---

[2] *Reinventando as organizações: um guia para criar organizações inspiradas no próximo estágio da consciência humana*, Frederic Laloux. Editora Voo, 2017.

propícias a ambientes caóticos e pouco complexos. Exemplos atuais são as máfias e gangues de rua.

Organizações moldadas no paradigma impulsivo surgiram na forma de pequenas tropas conquistadoras, lideradas por um "lobo alfa". Esse líder exerce o poder através do medo e da força, mantendo as pessoas a sua volta sob controle. Para manter a estabilidade nesse tipo de organização, o líder se cerca de familiares, que tendem a ser mais leais. Se em algum momento o seu poder estiver em dúvida, alguém vai tentar tomá-lo. Com frequência, demonstrações de crueldade e punições públicas são usadas para criar mais medo, pois essa é a única forma de a organização não se desintegrar. Assustador? Elas ainda existem.

Nesse estágio de desenvolvimento organizacional, ainda não existem hierarquias formais ou títulos. Por isso, essas empresas não escalam muito bem e não conseguem garantir prosperidade em longo prazo. Resumindo, elas se adaptam melhor a ambientes caóticos e são péssimas para lidar com problemas complexos.

ORGANIZAÇÕES CONFORMISTAS-ÂMBAR

Aqui já passamos para a era da agricultura, estados e civilizações organizados. Surgem as divisões por classes sociais. Assim, emerge-se uma nova forma da sociedade organizar-se. Uma estrutura hierárquica piramidal, com papéis definidos e comando e controle, é estabelecida. O poder passa a ser não do mais forte, mas da posição que se ocupa – normalmente um privilégio de nascença. As organizações âmbar trouxeram a cultura do planejamento de longo prazo e das estruturas organizacionais estáveis. Operam muito bem em ambientes que mudam lentamente.

A mudança para o Âmbar abriu novas possibilidades para a humanidade. Foi um salto de um mundo tribal e baseado na horticultura para a era da agricultura, estados, civilizações, burocracias e religiões organizados. Esse paradigma trouxe um "eu" autocontrolado e disciplinado, não tão egocêntrico quanto no modelo vermelho. As sociedades Âmbar possuem morais estabelecidas que devem ser seguidas. As leis são imutáveis e feitas para criar um mundo justo, onde as coisas são certas ou erradas. A autoridade de definir a moral agora reside em um papel, em vez de ser em uma personalidade.

As organizações Âmbar trouxeram duas grandes inovações: planejamentos de longo prazo e estruturas organizacionais estáveis. Essas duas tecnologias permitiram que esse modelo alcançasse resultados nunca vistos: sistemas de irrigação, as pirâmides e a grande muralha da China. Os planejamentos de médio e longo prazos foram possíveis graças à invenção dos processos, que permitem a replicação de experiências passadas no futuro. Ao contrário das organizações vermelhas, as estruturas de poder não estão mais em constante mudança, mas são fixadas em títulos, hierarquias e organogramas. Planejamento e execução são separados: quem está no topo da pirâmide hierárquica pensa, quem está na base executa o que foi mandado.

ORGANIZAÇÕES REALIZADORAS-LARANJA

Vindas mais fortemente como resultado da Revolução Industrial, essas organizações têm forte influência do fordismo. A padronização, produção em massa e possibilidade de ascensão por mérito são perseguidos. Isso acirra a concorrência mundial e dentro das organizações. A hierarquia continua existindo, mas agora o conformismo não é bem-vindo. Poder pode ser conquistado. A inteligência das pessoas é valorizada para gerar inovações e a gestão por resultados atinge todos os níveis da organização. Esse tipo de organização libertou os trabalhadores do conformismo âmbar, mas ainda é lento no processo decisório. Esse é provavelmente o tipo de organização mais comum atualmente. O limite delas está na retenção de talentos. Exemplos de organizações laranjas são: Nike, Coca-Cola, General Eletric, IBM e milhões de outras.

O mundo agora não é mais visto como um conjunto de regras imutáveis, o certo e o errado, mas como uma máquina complexa, governada por leis naturais que podem ser investigadas e compreendidas. Os paradigmas das organizações foram consolidados durante a Revolução Industrial, sendo que as grandes corporações atuais, em sua maioria, os praticam com intensidade.

O estágio de desenvolvimento organizacional laranja trouxe três grandes tecnologias organizacionais: a inovação, a responsabilidade e a meritocracia. Embora ainda utilizem a pirâmide hierárquica, as organizações laranjas favorecem equipes multidisciplinares, times de força-tarefa interdepartamentais e consultores externos: tudo com o objetivo de aumentar a comunicação e a inovação. A gestão passa por uma mudança severa, pois a organização começa a utilizar a inteligência de várias pessoas para aumentar a sua competitividade. O planejamento e a estratégia não são mais um privilégio do topo, e o controle passa a ser exercido através da "gestão por objetivos". Os líderes da camada superior exigem um determinado resultado e "não importa como, apenas chegue a esse número". Incentivos financeiros e comissões são acrescentadas para estimular a competição entre os funcionários e a lucratividade da organização. A meritocracia dita que, em princípio, todos podem escalar a hierarquia corporativa e chegar até uma determinada posição.

As organizações laranja parecem brilhantes, mas também criam uma sombra imensa. Como o sucesso é medido exclusivamente em termos de dinheiro e reconhecimento, ao chegarem ao topo, as pessoas sentem-se vazias. Um dia elas se cansam da corrida pelo sucesso e entram em colapso.

ORGANIZAÇÕES PLURALISTAS-VERDE

Após duas grandes guerras mundiais, o modelo altamente racional e competitivo das conquistadoras laranjas começa a ser questionado. E os valores, a moral e a ética?

Harmonia, tolerância e igualdade inspiradas em comunidades *hippies* dos anos 1960 exercem influência sobre essas organizações. As organizações verdes podem ser hierárquicas, mas a posição do líder é de servidor que provê autonomia e está preocupado com o desenvolvimento da equipe. As decisões são por consenso e as pessoas buscam acolhimento como se a organização fosse sua família.

Por um lado, essas organizações quebram paradigmas anteriores, introduzindo a importância das relações no trabalho. Por outro lado, a ausência de ferramentas mais práticas não favorece a geração de resultados e a tendência é voltar ao controle das organizações laranja. Além disso, decisões por consenso (com concordância de todos) tendem a tornar as decisões mais lentas que o almejado. Movimentos Lean e Agile emergem neste contexto de organizações e alguns exemplos de organizações são a Southwest Airlines e a Ben & Jerry's.

O estágio de desenvolvimento organizacional pluralista vem em forte oposição ao modelo laranja e âmbar. Se a hierarquia e o abuso de poder são nocivos, o paradigma verde tenta aboli-los completamente. Os sentimentos dos membros da organização são valorizados, assim como a cooperação, a harmonia e o consenso. A igualdade é vista como o objetivo final: todos merecem respeito e devem ser tratados da mesma forma.

As três grandes inovações do modelo verde foram o empoderamento, a cultura orientada a valores e a perspectiva de múltiplas partes interessadas. O empoderamento retém a meritocracia, mas os líderes são estimulados a empurrar as decisões para a ponta. A liderança servidora e igualitária é valorizada e está fortemente presente na cultura, que é o mecanismo que impede que as organizações verdes voltem ao paradigma anterior. Os acionistas não são mais vistos como a única parte a ser satisfeita. Gestores, funcionários, clientes, fornecedores, comunidades locais, a sociedade e o meio ambiente devem também ser contemplados nas decisões. Os líderes buscam fazer escolhas em que todos possam prosperar.

Nessas organizações, as decisões por consenso são favorecidas. No entanto algumas pessoas abusam dessa tolerância para colocar em prática ideias intolerantes. O paradigma verde rompeu completamente com o modelo anterior, mas não ofereceu alternativas práticas.

ORGANIZAÇÕES AUTOGERIDAS

O mundo passa a viver a Quarta Revolução: a Revolução da Indústria 4.0 (a Revolução das organizações autogeridas). Essa revolução integra e automatiza tecnologias (como nanotecnologia, inteligência artificial, biotecnologia, sistemas de armazenamento de energia, *drones*, impressoras 3D etc.).

Agora, o capitalismo centralizado e hierárquico perde cada vez mais espaço para as relações em rede. Esta é uma revolução marcada pela elevada rapidez de mudanças, nunca vista. Assim, em relação à pluralista verde, apresenta como progressos a autogestão, a plenitude e o propósito evolutivo.

Autogestão: a liderança é muito mais situacional, o comando e controle são substituídos pela autonomia e confiança. Aqui o sistema não se remete à tradicional hierarquia e nem ao consenso. Com ferramentas de apoio, o processo decisório é muito mais baseado na consulta (conselho de especialistas e dos afetados nas decisões). Assim, evitam-se delongas em processos em que todos (mesmo que envolvidos indiretamente) teriam que concordar por consenso.

Plenitude: as práticas desse tipo de organização favorecem a integralidade dos colaboradores dentro da empresa. Ou seja, é encorajado que o indivíduo vá trabalhar tanto com seu lado emocional, mais sensível e espiritual, quanto com o seu lado racional (muito mais comum), favorecendo assim sua integralidade.

Propósito evolutivo: as organizações autogeridas são como um organismo vivo, que evolui e tem sentido e vida própria. Essa é uma quebra de paradigma, e no que se encontra um ponto de revolução desse tipo de organização. Isso porque aqui não se busca prever e controlar o futuro (tão incerto), mas sim intenta-se escutar e entender o propósito da organização e o real ambiente que a cerca. Trata-se de um processo de constantes descobertas, observação do ambiente e evolução.

Mas as organizações autogeridas existem mesmo ou são um sonho?

Talvez você tenha se perguntado: mas parecem tão irreais as organizações autogeridas, será que realmente existem?

Sim, as organizações autogeridas já existem! Não são utopia. Assim como as famosas organizações exponenciais também não o são. Exemplos mais conhecidos são a holandesa Buurtzorg e a norte-americana Morning Star.

Em 1911, Frederick Taylor publicou *Os princípios da gestão científica*, onde apresentava a "Gestão" como a revolução que elevaria a produtividade das organizações na era industrial. Ele estava correto. De fato, foi uma grande revolução. Ainda hoje, mais de um século após a publicação de Taylor, grande parte das empresas (não apenas industriais) ainda aplica suas teorias com base na divisão hierárquica e funcional.

Niels Pflaeguing, em seu livro *Organize for Complexity*[3] (Organizar para a Complexidade), em 2014, defende que as formas de gestão baseadas no Taylorismo foram disseminadas em um contexto totalmente diferente, de menor dinamismo e complexidade, tornando-as inadequadas para os dias atuais.

Outro recente movimento, das Organizações Responsivas, busca conectar pessoas e organizações que desejam encontrar um novo equilíbrio entre práticas que foram úteis no contexto mais previsível do passado e as novas que podem ser mais aplicáveis atualmente.

Portanto o intuito aqui é evidenciar que o pesquisador Frederic Laloux, que apresentou sua teoria com os 5 estágios organizacionais apresentados neste artigo, não está sozinho!

Provável que inclusive você se interessou por este tema e esteja engajado em encontrar diferentes formas de gerir seus times.

Você também já percebeu que os tempos são outros, e as estruturas organizacionais carecem de mudanças. A necessidade está fazendo emergir organicamente novos caminhos.

Quem sabe, começando por esta maior consciência, você consiga implementar ou influenciar mudanças que acredita serem necessárias na gestão e estrutura organizacional de sua organização.

Esses avanços manifestam-se por uma série de práticas concretas e diárias. Um novo modelo de organização está surgindo, e o conceito de companhia para um futuro próximo não é o mesmo de poucos anos atrás. As empresas que se adaptam às mudanças serão capazes de maximizar a produtividade e a competência, o que ditará as futuras referências no mercado.

Reforçando, a ideia tradicional corporativa, que é composta de hierarquias, cadeias de ordens, excesso de burocracias e falta de propósito, será ultrapassada em pouco tempo. As organizações mais evoluídas são construídas sob três princípios:

- possuem um propósito claro e vivo;
- são autogeridas por todos os colaboradores;

---

[3] *Organize for Complexity: How to Get Life Back Into Work to Build the High-Performance Organization*, Niels Pflaeging. Editora Betacodex Publishing, 2014.

- têm um ambiente integral, ou seja, um lugar onde o indivíduo pode ser ele mesmo.

Trata-se de um modelo organizacional que substituirá a cultura tradicional aplicada sobre qualquer companhia. Vários controladores de grandes companhias reconhecem a importância do tema e já adotaram essa estratégia.

O brasileiro Ricardo Semler, CEO e coproprietário majoritário da empresa Semco Partners, proferiu a seguinte sentença: "A chave para o gerenciamento é se livrar dos gerentes". Pode parecer contraditório, porém, sua visão evolutiva contribuiu para o sucesso empresarial de seu negócio.

Outros exemplos de organizações de sucesso que revolucionaram sua cultura organizacional são Netflix, Zappos e Atlassian. De acordo com os gestores, o livro de Frederic Laloux foi difícil de ler à primeira vista, mas logo eles conseguiram usá-lo como referência para superar os desafios das empresas.

O modelo de pirâmides hierárquicas, com funcionários na base e administradores no topo, é substituído por estruturas descentralizadas de pequenos times que assumem responsabilidades e governanças próprias. Com essa forma de gestão de pessoas, as ações dos indivíduos não serão guiadas por uma cadeia de comando proveniente de uma ordem superior, mas, sim, buscando a concretização dos propósitos da companhia.

COMO FUNCIONA A TRANSIÇÃO

A concentração de poder no topo das organizações, separando quem tem poder e os que não têm poder, traz em si problemas que atormentava as organizações há muito tempo. O poder era uma escassa *commodity* pela qual vale a pena lutar.

Na base das organizações, são evocados dois lados da impotência: a resignação e o ressentimento. E a falta generalizada de motivação e desengajamento. A falta de motivação que vemos em muitas organizações é um efeito devastador da distribuição desigual do poder.

As Organizações Verdes tentam lidar com o problema da desigualdade do poder por meio do empoderamento, o famoso *empowerment*, empurrando as decisões para os andares de baixo da pirâmide, e geralmente alcançando um engajamento muito maior dos funcionários. Contudo empoderamento significa que alguém no topo deve ser sábio e nobre o bastante para renunciar à parte desse poder. Mas o que aconteceria se o poder não fosse um jogo de soma zero? E se pudéssemos ter estruturas e práticas organizacionais que não precisassem de empoderamento porque, pelo desenho da organização, todos são dotados de poder e ninguém é impotente?

E se pudéssemos criar estruturas e práticas organizacionais que não precisassem de empoderamento porque, pelo desenho da organização, todos são dotados de poder e ninguém é impotente?

Será que esse último modelo, das organizações autogeridas, pode ser muito disruptivo para você? Agora que conheceu todas as fases da evolução, você pode definir com mais propriedade o modelo ideal para sua empresa.

Podemos concluir que estamos em uma transição. De organizações como máquinas para organizações como organismos vivos. Da hierarquia de cima para baixo, burocracia, do comando, cobrança, controle e instruções detalhadas para a eliminação das "caixas e linhas" dos organogramas, recursos flexíveis de mudanças rápidas, a liderança mostra o caminho e permite a ação e equipes construídas em torno de responsabilidade de ponta a ponta.

O fundador da Amazon, Jeff Bezos, sempre diz: "Se você não pode alimentar seu time com duas pizzas, está grande demais". A Nova Gestão estrutura a organização com times multidisciplinares nos quais permeiam muita transparência, colaboração e autonomia.

Vou listar algumas práticas que você pode utilizar para definir o melhor *design* (arquitetura) organizacional para sua empresa.

- Prever e controlar substituídos por perceber e responder;
- Reuniões improdutivas substituídas por interações facilitadas;
- Cargos estáticos substituídos por papéis adaptáveis;
- Estrutura que facilite a capacidade de inovar;
- Equipe sob demanda;

- Uso de algoritmos para facilitar as relações;
- Uso do *feedback* constante;
- Decisões compartilhadas;
- Cultura da autonomia;
- Permanente transformação;
- Capacidade de escalar com eficiência;
- Buscar novas formas de execução;
- Descentralizar.

Reportagem da Época Negócios[4] mostra que empresas da Velha Economia podem fazer a transformação para a Nova Economia, adotando as práticas da Nova Gestão. Com 120 anos, o desafio da Gerdau é modernizar sua cultura – mas sem esquecer o passado. A transformação da Gerdau em uma empresa ágil e diversa passa por um plano estruturado em longo prazo.

Como uma empresa centenária pode se manter relevante em um mundo cada vez mais dinâmico e digital? A resposta passa longe de ser simples, mas talvez Gustavo Werneck saiba o caminho. Desde 2018, ele é CEO da Gerdau, gigante do aço fundada em 1901, e é o primeiro presidente da história do grupo que não é da família Gerdau. O segredo? Quebra de paradigmas, interesse por novas tecnologias e, principalmente, uma mudança que parta dos líderes da companhia.

A responsabilidade é grande, ele sabe. Afinal, encaminhar tamanha mudança dentro de uma companhia com 118 anos, mais de 50 mil colaboradores e um faturamento na casa dos bilhões é um desafio difícil de mensurar. "É possível uma organização se reinventar para continuar gerando valor ao longo dos anos?", questiona Werneck, durante sua palestra no Capitalismo Consciente Latin-American Conference 2019, evento realizado em São Paulo.

Para o executivo, a resposta é sim. O trabalho envolvido, entretanto, é alto e deve partir das principais vozes da empresa. Ou seja, de cima para baixo. "Se o líder não acredita, o negócio não avança", afirma.

---

4 *Com 120 anos, desafio da Gerdau é modernizar sua cultura sem esquecer o passado*, Revista *Época Negócios*, março de 2021.

Werneck usa a palavra "acreditar" porque sabe que sua missão é complexa. Montar uma companhia perene passa, na sua visão, por revolução digital e diversidade. Vale lembrar: ele está falando sobre a indústria do aço. "É um setor machista e preconceituoso", diz.

Sua principal motivação, além da mudança dos tempos, se deu em 2008 e nos anos seguintes. À época, quando a China entrou na disputa pelo mercado de aço, a Gerdau passou por maus bocados. Viu a concorrência aumentar e a margem das transações diminuir. A saída foi inovar. O primeiro passo foi encontrar o propósito da Gerdau. "A nossa empresa não nasceu com essa ideia. Tivemos que mergulhar em praticamente 120 anos de história para encontrar nossa cultura", diz. O processo foi difícil, exigiu disciplina e paciência. "Mas foi uma jornada prazerosa", afirma. Depois de tanto trabalho, chegaram à conclusão de que o propósito da Gerdau é empoderar pessoas. Para isso, foi preciso implantar um novo programa interno de fomento à diversidade na companhia.

"Sempre fomos uma empresa gerida pelo comando e controle. Agora temos mais autonomia e agilidade, menos burocracia e hierarquia, buscando dar protagonismo às pessoas". A Gerdau também trocou a sua sede em Porto Alegre (RS) por um escritório em São Paulo, capital.

O escritório segue os moldes das *startups*, sem mesas definidas e salas exclusivas para cargos de chefia. "Eu me sento ao lado de todos. Isso se mostrou completamente produtivo", diz o CEO. Em paralelo a esse movimento, Werneck também assumiu como missão pessoal implantar plataformas digitais nos processos da empresa. Dentro do que chama de "metodologia ágil", adicionou inteligência artificial, realidade virtual, *big data*, impressão 3D, *analytics* e até *drones*. "Montamos nossa própria escola de cientistas de dados", diz o executivo.

O resultado? 2018 foi o melhor ano da Gerdau da última década. "E um dos melhores resultados históricos", ressalta Werneck. Se a Gerdau conseguiu, tenho a certeza de que você também será bem-sucedido em adaptar sua empresa à Nova Economia.

> "Em um mercado que muda muito,
> o maior risco é não tomar riscos."
> **(Mark Zuckerberg)**

"Hoje você não compete com empresas. Você compete contra transições do mercado - um período de passagem de um estado para outro em que as habilidades necessárias para fazer seu trabalho mudam, o cliente avança para uma nova tecnologia ou a economia adota um novo modelo."

**John Chambers,
autor de "Conecting the Dots"**

CAPÍTULO 8:
TIME EXTRAORDINÁRIO

Disruptivos melhorando e mudando o mundo!

COMO MONTAR UM TIME EXTRAORDINÁRIO

Vimos no capítulo anterior que a empresa da Nova Economia adota estruturas organizacionais muito mais flexíveis, baseadas em times multidisciplinares. Mas como montar um time extraordinário? Quero compartilhar com você as práticas que as empresas de sucesso da Nova Economia têm utilizado para que você possa analisar o que pode ser adaptado a sua empresa.

Vimos que as tecnologias que sustentam a Quarta Revolução Industrial estão causando um grande impacto sobre como as EMPRESAS SÃO LIDERADAS, ORGANIZADAS E ADMINISTRADAS. Trabalhar, como aprendemos, tem perdido cada vez mais sentido. Um dos maiores desafios é criar um ambiente de trabalho que permita que o serviço de cada pessoa seja concebido e recebido, com integridade (que cada um possa ser ele mesmo no trabalho). Valores como competição, rigidez, perfeição, meritocracia e *workaholic way of life* tornaram-se ultrapassados. As hierarquias e estruturas perdem cada vez mais sentido. Construir uma "carreira sólida" deixou de ser objeto de desejo, afinal, como ser sólido em um mundo cada vez mais fluido? A Burocracia inventada para controlar e alinhar funcionários se prova hoje como um grande atravessador. Todos nós nascemos para sermos empreendedores (que não significa o mesmo de ser dono). O empreendedor é um caminhante do imprevisível. A nova organização é flexibilidade em procura de significado, não de força ou poder.

Para adotarmos a Nova Gestão, precisamos mudar o nosso *mindset*, que significa mente configurada. Por isso, vamos fazer algumas reflexões?

No que você ACREDITA?

- Sobre negócios?
- Sobre trabalho?
- Sobre pessoas?
- Sobre liderança?

Segundo o historiador Yuval Harari, "pela primeira vez na história não fazemos ideia de como estará o mercado de trabalho daqui a 30 anos e de que habilidades as pessoas precisarão".

Um dos maiores desafios e necessidades é criar um ambiente de trabalho que permita que o serviço de cada pessoa seja concebido para proporcionar a realização e felicidade das pessoas. As pessoas se perguntam: "Como posso servir a minha felicidade enquanto sirvo ao mundo?" "Ganhar a vida já não é suficiente: o trabalho tem de construir uma vida", nas palavras de Peter Drucker. Porém não é isso que está acontecendo na maioria das organizações.

"O local de trabalho está matando pessoas e ninguém se importa", a frase de Jeffrey Pfeffer no seu livro *Morrendo por um salário*[1] confirma a necessidade de mudarmos a forma de liderar pessoas nas organizações. O ritmo diário, os salários baixos e a falta de tempo para cuidar da própria saúde levam à morte 120.000 pessoas por ano apenas nos Estados Unidos. A Revista *Você RH* fez uma reportagem em dezembro de 2020 sobre o assunto.

> *As pessoas estão morrendo por um salário. Essa é a conclusão do professor de comportamento organizacional da Universidade Stanford, nos Estados Unidos, e um dos maiores especialistas em gestão de pessoas do mundo, Jeffrey Pfeffer. Sua estimativa é que o emprego acabe com a vida de 120.000 pessoas por ano apenas naquele país – um prejuízo de 180 bilhões de dólares, ou 8% do custo total, com saúde.*

---

[1] *Morrendo por um salário: como as práticas modernas de gerenciamento prejudicam a saúde dos trabalhadores e o desempenho da empresa – e o que podemos fazer a respeito*, Jeffrey Pfeffer. Editora Alta Books, 2019.

Para chegar a esses números, ele avaliou dados coletados por organismos públicos e privados, corrigindo fatores como idade, gênero e classe social. O resultado da análise está no livro Dying for a Paycheck *(Morrendo por um salário), lançado em meados de 2018. "A má notícia é que o trabalho está matando", disse Jeffrey à VOCÊ RH. "E ninguém realmente se importa".*

Esse problema não estaria restrito à nação mais poderosa do planeta. Uma consulta rápida nos dados da Previdência Social no Brasil mostra que, nos nove primeiros meses de 2018, foram concedidas pelo INSS 8.015 licenças por transtornos mentais e comportamentais adquiridos no serviço – um avanço de 12% em relação ao mesmo período de 2017.

Além de mudar a cultura de comando e controle, as empresas teriam de repensar suas práticas de qualidade de vida, uma vez que a maioria delas foca o comportamento dos indivíduos, mas não faz um mea-culpa das condições corporativas.

Rever uma mentalidade enraizada há tanto tempo não é tarefa fácil. Ainda mais quando isso exige mudar radicalmente a forma como se enxerga o emprego: em vez de um local de cobrança, um de confiança; diferentemente de trabalhadores tratados como centros de despesa, eles seriam parceiros necessários para atingir a estratégia do negócio. O professor de Stanford sugere que as pessoas sejam geridas não com base nos custos que incorrem, mas como ativos.

Hoje fala-se muito em senso de propriedade ou "sentimento de dono", mas a conquista desse nível de comprometimento e engajamento da equipe só acontece quando as pessoas adquirem um senso de propósito, autonomia e responsabilidade pelos resultados.

Fica clara a necessidade de mudança. Então o que devemos fazer para montar Times Extraordinários? Como fazer a nossa empresa ter times incríveis que inovam ao natural?

Como ter um propósito engajador e libertador e uma cultura que o reafirme todos os dias?

Como criar senso de dono, autodidatismo e empreendedorismo em todos?

POR QUE DECISÕES SOBRE PESSOAS SÃO TÃO IMPORTANTES?

Foi-se o tempo em que estratégias, produtos, tecnologia e investimentos de capital eram os fatores mais importantes para o sucesso de uma organização. Hoje, o empresário consciente e bem-sucedido sabe que tudo isso é feito por pessoas e dá o devido valor a elas. "As pessoas são a essência. São elas que definem e executam as estratégias, criam os produtos, atendem os clientes...".

Baseado no que acredita ser o maior diferencial de uma empresa, o argentino Claudio Fernández-Aráoz escreveu o livro *Grandes decisões sobre pessoas: por que são tão importantes*[2], por que são tão difíceis e como você pode dominá-las a fundo. O consultor, considerado um dos melhores do mundo, afirma com convicção que apenas 10% dos líderes têm se dedicado a estudar pessoas e como gerenciá-las. Ele alerta: "Estamos estudando as coisas erradas".

Nas organizações espalhadas pelo mundo, as pessoas são, ao mesmo tempo, o problema e a solução. É por isso que os gestores precisam tomar decisões fundamentais sobre suas equipes com o objetivo de transformá-las sempre na solução e, assim, obter perspectivas de êxito. Colocar o profissional certo no cargo adequado é o ponto de partida e pouquíssimas pessoas são formalmente treinadas para essa tarefa.

Ele é enfático: "Tenho absoluta certeza de que assim que uma pessoa completa a sua educação formal e inicia a sua carreira profissional, as decisões sobre as pessoas são o único e mais importante fator a contribuir com o sucesso profissional desse indivíduo".

Há alguns anos, o setor de Recursos Humanos era visto como um custo, e não como um investimento. Hoje, o trabalho de gestão de pessoas deve estar do lado do presidente formando um time para que a empresa consiga chegar aonde quer e alcançar sua visão de futuro. É preciso engajar as pessoas nessa busca, formando novos líderes que vivenciem a cultura de seus locais de trabalho, como a missão e os princípios.

As grandes decisões sobre pessoas começam a ser tomadas ainda no processo de recrutamento. Para fazer escolhas acertadas, você deve

---

2 *Grandes decisões sobre pessoas: por que são tão importantes, por que são tão difíceis e como você pode dominá-las a fundo*, Claudio Fenández-Aráoz. Editora DVS, 2010.

saber o que procurar (a cultura, as crenças, os valores, as habilidades e os conhecimentos do profissional que deseja) e onde procurar (na própria equipe, em outras empresas, nas mídias sociais etc.). Todo processo de seleção é difícil. Não se deve apenas selecionar, mas eliminar os candidatos. A primeira etapa para a eliminação é a referência. Ao identificar como era o profissional na empresa em que trabalhava, seu desempenho, comportamento e o relacionamento com outras pessoas, vai ficando mais fácil decidir se ele segue ou não no processo seletivo.

Grande parte das entrevistas são superficiais ou fundamentadas em formatos ultrapassados. O ideal é que, após a fase de eliminação, os candidatos que ficarem sejam submetidos a duas avaliações: uma comportamental e outra situacional. A primeira é comum entre as empresas e feita através de testes psicológicos, como de proatividade, liderança, ambição e disposição. Já a segunda tem se mostrado cada vez mais rara. "Esse tipo de teste consiste em colocar um problema que está relacionado à função que o entrevistado irá exercer e perguntar o que ele faria, quais seriam suas ações e decisões. O elemento surpresa é essencial".

Mas as grandes decisões sobre pessoas não param por aí. Não basta apenas contratar o profissional certo, deve-se ter uma estratégia de atração, motivação e engajamento. A organização pode atrair os melhores funcionários, mas se eles ficam desmotivados, vão embora. A solução é desenvolver uma política que os atraia de forma que realmente desejem e lutem para trabalhar na sua empresa por ela ser um exemplo na gestão de pessoas.

Sem capital intelectual, não se leva uma empresa a crescer, sobreviver e se perpetuar. Durante muito tempo, se acreditou que liderança é simplesmente ter seguidores. Hoje, esse conceito é de formar novos líderes, afinal, é preciso pensar no futuro e em quem vai fazer parte da nova geração. Se os líderes de hoje se dedicam a formar pessoas, os profissionais do futuro serão muito mais qualificados e assim por diante.

Direcionar alguém para um cargo que não corresponda ao perfil exigido pode ser um erro gravíssimo. Segundo Claudio Fernández-Aráoz, se há uma fórmula de sucesso, ela inclui pelo menos quatro itens que devem ser detectados no processo de recrutamento para, assim, saber escolher o profissional correto. São eles:

- **Genética:** a constituição genética de um ser humano esclarece quais habilidades, para ele, são mais fáceis ou mais difíceis de aprender. O que pode ser simples para um, pode ser complexo para outro;
- **Desenvolvimento:** investir com sabedoria e dedicação no desenvolvimento de um profissional aumenta o nível de competência dele e causa inúmeros impactos positivos em sua carreira. O segredo aqui é saber valorizar talentos;
- **Decisões de carreira:** o bom profissional sabe fazer boas escolhas para sua carreira, reconhece suas qualidades e falhas e colhe os frutos de seus esforços pessoais;
- **Decisões sobre pessoas:** o empreendedor trabalha por meio de outras pessoas e, portanto, tem o poder essencial e a responsabilidade de decidir sobre elas. Não abra mão de participar da seleção do seu time.

Se a primeira tarefa é contratar o time, devemos buscar GENTE APAIXONADA que queira caminhar junto, que queira cuidar com amor. As suas prioridades de contratação devem ser nesta ordem:

1. Crenças (crenças sobre negócios);
2. Cultura (vem das crenças);
3. Talento (inato);
4. Habilidades (aprendidas);
5. Experiência (cumulativa).

Uma dica: contrate para suprir suas fraquezas! Analise em que você não é bom e traga para o time justamente pessoas que irão complementá-lo.

Como selecionar?

- Peça para o candidato elaborar um texto sobre por que quer trabalhar na empresa;
- Solicite um vídeo (curto – 5 min) gravado sobre determinado tema;

- Aplique uma prova de conhecimentos relacionada ao trabalho futuro;
- Realize várias entrevistas com futuros líderes, pares e liderados.

EQUIPES MULTIDISCIPLINARES

Por que certos grupos se tornam mais fortes do que a soma de suas partes, enquanto outros se tornam mais fracos? Eles têm sucesso não porque são mais espertos, mas porque trabalham juntos de um jeito mais esperto. Eles constroem Segurança, compartilham Vulnerabilidades e estabelecem Propósito.

> "Nós nos concentramos naquilo que conseguimos ver – as habilidades individuais. Mas não é isso que importa. O que importa é a interação."
> **(Daniel Coyle)**

Três tipos de deixas de pertencimento

1. **Conexão próxima e passional** – linguagem corporal, atenção e comportamento que podem ser traduzidos como: eu me importo com você.
2. *Feedback* **do desempenho** – instrução incansável e críticas que podem ser traduzidas como "temos padrões elevados".
3. **Perspectiva ampla** – conversas sobre temas como política, história e comida que podem ser traduzidas como: a vida é maior do que a consultoria.

A primeira pergunta a ser feita é: estamos em segurança neste lugar? Os seres humanos possuem em seu cérebro a amígdala cerebral. Ela é uma estrutura cerebral altamente implicada na manifestação de reações emocionais e na aprendizagem de conteúdo emocionalmente relevante. Essa estrutura apresenta um relativo dimorfismo sexual e está relacionada à manifestação de comportamentos sociais. Cada vez mais tem se dado a importância da amígdala como dispositivo para responder ao perigo ou na construção de conexões sociais.

Ser vulneráveis juntos é a única forma de fazer o grupo se tornar invulnerável.

Estamos conectados? Compartilhamos um futuro? Estamos em segurança? Quais serão as respostas do membro do seu time?

Para construirmos um Time Extraordinário, precisamos fazer com que as pessoas tenham participação. É necessário que as pessoas sintam que fazem parte; tomem parte nas decisões; e tenham parte nos resultados não financeiros e financeiros. Somente depois de ter essa participação, poderá chegar para um membro do time e falar: "Você faz parte do time! Este time é especial, pois temos padrões elevados; e acredito que você está à altura desses padrões". Muitos líderes erroneamente querem formar times extraordinários com promessas financeiras. Eles dizem: "Junte-se a nós e você pode ganhar dinheiro". Esse sinal parece motivador, mas não encoraja a cooperação – na verdade, faz o contrário.

O velho modelo de emprego era bom para uma era de estabilidade. Em tempos estáveis, empresas cresceram para alavancar economias de escala e melhorias de processos. As empresas ofereciam um acordo implícito: oferecemos empregos vitalícios em troca de serviços leais. Como os dois lados esperavam que o relacionamento fosse permanente, os dois lados estavam dispostos em investir um no outro. E aí o Mundo Mudou! Filosoficamente e Tecnologicamente!

A ascensão do Capitalismo dos Acionistas, por volta de 1970, que perdura até hoje em Wall Street, levou as companhias e gestores a focar em metas de curto prazo para aumento do valor das ações. Reengenharia e *Rightsizing* tornaram as pessoas descartáveis.

Ao mesmo tempo, surgiu a Era da Informação e globalização dos negócios. De repente, as empresas tiveram que ser mais competitivas para enfrentar concorrentes mais enxutos e famintos. Como resultados dessas mudanças, a estabilidade dos anos 1950 e 1960 deu lugar a mudanças imprevisíveis. E companhias listadas como as melhores e maiores começaram a sucumbir em uma velocidade bem maior.

Adaptabilidade e empreendedorismo passaram a ser as chaves para conquistar e manter o sucesso nos negócios. O modelo tradicional de emprego para a vida toda tornou-se muito rígido para a era conectada. Em resposta a essas pressões competitivas, muitas empresas tentaram ser mais flexíveis... reduzindo a relação empregador-empregado a um contrato. Essa abordagem legalista trata empregados e empregos como commodities de curto prazo. Várias empresas afirmam: "Empregados são nossos recursos mais valiosos". Mas quando querem reduzir os custos, o recurso mais valioso de repente se transforma em seu recurso mais dispensável.

Em 1980, 56% dos executivos acreditavam que empregados que são leais e promovem a conquista dos objetivos da companhia devem ter seus empregos assegurados. Em 1990, somente 6%. Jack Welch chegou a afirmar: "Lealdade a uma empresa? Não faz sentido".

Nesta Nova Era, empregados foram encorajados a pensar como agentes livres: "It's just business". Lealdade é escassa. Alianças de longo prazo são escassas. Há muita desilusão por aí.

Um negócio sem lealdade é um negócio sem um pensamento de longo prazo. Um negócio sem pensamento de longo prazo é um negócio sem capacidade de investir no futuro.

E um negócio que não está investindo em oportunidades e tecnologias futuras é uma companhia que já iniciou o processo de morte.

Como podemos fazer tudo isso ser diferente e criar uma maneira mais adequada à Nova Economia? É tempo de reconstruir a relação empregador-empregado. O mundo hoje precisa de um novo *framework* que facilite a confiança mútua, investimentos mútuos e benefícios mútuos. Vou compartilhar com você o método que o LinkedIn utiliza: A ALIANÇA!

De transação para relação! Pense no emprego como uma aliança: um acordo que beneficia os dois lados, entre partes independentes. Nesta aliança, empregador e empregado desenvolvem uma relação baseada em como eles podem agregar valor um ao outro. Por essa razão, várias empresas já têm adotado esse modelo de gestão e essa estrutura organizacional! Devemos dizer ao nosso time: "Ajude nossa companhia a ser mais valiosa, e nós faremos você ser mais valioso".

O nosso time nos diz: "Ajude-me a crescer e prosperar, que ajudarei a companhia a crescer e prosperar", nessa aliança, você pode falar aberta e honestamente o que fará pelo outro e quais suas expectativas de retorno. O membro do seu time pode falar aberta e honestamente sobre que tipo de crescimento ele procura (habilidades, experiências e similares) e o que ele vai investir na empresa. Ambos esclarecem suas expectativas.

De família para TIME!

Mesmo sem assumir empregos vitalícios, os princípios de confiança, investimentos e benefícios mútuos fazem parte do dia a dia. Times são vencedores quando os membros confiam suficientemente uns nos outros para priorizar o sucesso do time acima da glória individual.

A ideia do time define COMO TRABALHAMOS JUNTOS e o Propósito define O QUE BUSCAMOS JUNTOS. Mas a ideia da família ainda tem relevância porque define COMO TRATAMOS UNS AOS OUTROS, com COMPAIXÃO, APRECIAÇÃO E RESPEITO.

Devemos usar a aliança para recrutar, gerenciar e manter um incrível time de pessoas empreendedoras. Pessoas com mentalidade de fundador e dono promovem mudanças, motivam pessoas e fazem acontecer. Tendo pessoas no seu time que se veem como empreendedoras da sua carreira é uma coisa boa: empregados que não sentem pressão para investir nas suas próprias carreiras provavelmente não serão capazes de agir rápido e implementar ações que sua empresa precisa para se adaptar e crescer.

Construindo confiança com conversas honestas

Devemos assegurar ao nosso time que está mais do que cabível conversar sobre suas carreiras mesmo que elas não incluam permanecer na empresa no futuro, pois isso ajuda a estabelecer uma atmosfera de honestidade aberta, e ajuda todos a entender que estamos alinhados ao nosso interesse de fazê-los serem melhores. Que trabalho você imagina ter depois de trabalhar na nossa empresa?

O que são as Jornadas de Serviços?

As carreiras devem ser redesenhadas como uma série de sucessivas jornadas de responsabilidade, assim podemos ser pessoas empreendedoras.

Diferentes tipos de Jornadas. Temos três tipo de Jornadas de Serviços:

- Rotativa;
- Transformacional;
- Organizacional.

Jornada Rotativa
Não é personalizada para a pessoa e tende a ser altamente intercambiável. O primeiro degrau de uma Jornada Rotativa é um programa estruturado com duração finita, usualmente direcionado para novos contratados.

O propósito é permitir ambas as partes acessar se o potencial de longo prazo se encaixa para as duas partes. Se há encaixe, o próximo passo é definir uma jornada de acompanhamento mais personalizada para maximizar o encaixe.

Essas jornadas são altamente estruturadas e programadas, e focam em maximizar o encaixe entre a pessoa e seu papel, mais do que desenvolvê-la para um diferente papel.

Jornada Transformacional
Esta jornada é personalizada. O foco é menos em um tempo de período fixo e mais em completar uma missão específica. É negociada um a um. A maioria dos gestores investem muito tempo gerenciando suas pessoas, mas falta uma estrutura rigorosa para conversas honestas e definição das expectativas específicas. A Jornada Transformacional é o antídoto para isso.

O *framework* da jornada de serviços faz o processo ser mais estruturado e explícito, ao invés de vago e implícito. A promessa central da Jornada Transformacional é a pessoa ter oportunidade de transformar sua carreira e a empresa. Uma regra de ouro é que uma jornada transformacional inicial dure de 2 a 5 anos.

O ano 1 da jornada permite você adquirir o contexto para o seu papel, o ano 2 é sobre colocar sua marca definitivamente no desafio transformacional, e os anos 3 a 5 são sobre implementação e crescimento do seu sucesso – ou pivotando suas premissas quando elas não geraram o que você esperava.

Jornada Organizacional

Excepcional alinhamento da empresa e da pessoa é a marca da Jornada Organizacional.

A pessoa encontra o trabalho da sua vida como o propósito da empresa e vice-versa.

Pense nesta jornada como um casamento – uma relação de longo prazo em que ambas as partes partem da premissa de que será permanente, na qual ambas as partes assumem uma obrigação moral de tentar fortemente dar certo antes de terminar a relação.

Métodos e perguntas para construir alinhamento

Nós sempre iremos lhe perguntar:

- "Nós queremos saber, quais são suas aspirações na vida?";
- "Para quem você olha e diz eu quero ser um dia igual a ele(a)?";
- "Relacione três pessoas que você admira e três qualidades que ele mais admira em cada um, depois peça para colocar em ordem de importância, de 1 a 9 (sendo 1 a mais importante e 9 a menos importante)";
- Compare os valores pessoais com os da empresa;
- "Conte-me em 5 minutos a jornada da sua vida e como ela fez você ser a pessoa que é hoje".

Saiba que o processo de alinhamento de valores pode ser longo, e requerer o estabelecimento de um nível profundo de confiança durante uma série de conversas consistentes.

LIFELONG LEARNING

As capacidades de aprender e de reaprender se tornam cada vez mais essenciais em um cenário de mudanças rápidas. As *hard skills* de hoje não são as mesmas de amanhã.

Quantas vezes você precisou que alguém da sua equipe adquirisse novos conhecimentos técnicos em um projeto ou até mesmo mudasse quase que completamente de ferramentas e tecnologias?

Esse é o processo que estimula o desenvolvimento pessoal e profissional de maneira voluntária, proativa e permanente, a partir de experiências de aprendizagem.

Muitas empresas valorizam o *lifelong learning* (aprendizado durante toda a vida) porque possuem uma cultura de aperfeiçoamento e desenvolvimento de colaboradores, uma vez que a formação contínua fortalece outras habilidades que auxiliam nos desafios mais complexos dos ambientes corporativos.

Focado em quatro pilares da educação, esse conceito é sustentado da seguinte forma:

- **Aprender a conhecer:** esse pilar é sobre aprender a pensar e não apenas reproduzir pensamentos e, para isso, é preciso instigar a curiosidade e a atenção e desenvolver a autonomia para dominar diferentes linguagens.
- **Aprender a fazer:** desempenhar uma função deixou de ser um diferencial dos profissionais, que agora precisam de capacidade social e emocional para enfrentar os desafios do mercado de trabalho.
- **Aprender a conviver:** participar de projetos comunitários, cooperar e somar conhecimentos individuais em benefício da coletividade permitem a troca de experiências.
- **Aprender a ser:** a forma como agimos com relação à nossa capacidade de aprender com cada experiência determina o tipo de pessoa que nos tornamos. O processo de aprendizagem deve desenvolver potencialidades das pessoas, como sensibilidade, memória, lógica, ética, criatividade, iniciativa e aptidão para a comunicação.

E quais as vantagens de ser um eterno aprendiz?

Os avanços tecnológicos permitem que o *lifelong learning* seja mais acessível e proporcionam a divulgação do conhecimento de forma mais rápida e simples. O ensino, antes restrito a ambientes formais, está cada vez mais presente em novos espaços, por meio das plataformas digitais, inclusive em ambientes móveis, como os celulares.

BUILDERS & OWNERS

XP Investimentos e Ambev usam esse Modelo de Gestão há anos e cresceram exponencialmente. Uma das lições mais poderosas de gestão é: você não constrói uma empresa. Você constrói o time, e o time faz a empresa.

Alinhá-las com o propósito da companhia é fundamental se você quiser ter um crescimento exponencial. Também é se você quer ter um time poderoso capaz de ajudá-lo a enfrentar grandes desafios e obstáculos ao longo do caminho.

Ninguém lidera sozinho. E vários exemplos comprovam que grandes empresas são sustentadas por um forte time de colaboradores. É o famoso: sozinho se chega mais rápido, mas juntos chegamos mais longe.

Nenhum funcionário se dedica tanto a um negócio quanto um dono. Por isso, programas de *partnership* são comuns nas maiores empresas do Brasil e do mundo. E *cases* como os da XP Investimentos, Goldman Sachs e Grupo Ambev são apenas alguns de vários exemplos de sucesso do mercado.

Ela comprova que cultura ainda é mais importante que *performance*. Pessoas comprometidas com o sonho da empresa são mais eficientes que "batedores de meta" para o negócio.

CULTURA DE DONO E MENTALIDADE DO FUNDADOR

"Alarga-se cada vez mais a distância entre as velhas receitas da Velha e dos desafios da Nova Economia. Pessoas requerem tempo e energia de outras para dar o melhor de si. Em todos os aspectos. Hoje, prospera a ideia de inclusão até no que diz respeito a todos – todos mesmo – se sentirem donos do negócio. Além do cuidado humano, remuneração fixa e bônus devem ser competitivos, mas são as *stock options* baseadas em resultados – do indivíduo, do time e da empresa – que movem os ponteiros em direção a esse Norte".

Com esse parágrafo, Diego Barreto[3] faz a abertura do tema Cultura de Dono no seu livro sobre a *Nova Economia*. Porém vale ressaltar que esse as-

---

3 *Nova economia: entenda por que o perfil empreendedor está engolindo o empresário tradicional brasileiro,* Diego Barreto. Editora Gente, 2021.

sunto já vinha sendo trabalhado há alguns anos por uma pequena parte das empresas no Brasil. A Ambev foi uma dessas organizações. Um dos valores que retratam essa cultura é de donos: a empresa se posiciona como sendo "de donos". Para ela, donos assumem os resultados de forma pessoal.

Já vimos que os modelos de gestão tradicionais foram concebidos para atuar em um mundo previsível, linear e sem a presença constante do imprevisível. Entretanto a busca por propósito alinhada ao surgimento das revoluções da atualidade e à necessidade de trazer metodologias ágeis para atender às novas demandas exige uma nova atitude dos líderes, na qual o controle perdeu espaço para uma gestão por contexto. Não podemos mais focar exclusivamente os processos, mas sim os objetivos, oferecendo a autonomia necessária para que o time possa alcançá-los. Então imagine os ganhos de uma empresa quando todos se sentem donos do negócio. Os resultados são exponenciais.

Senso de dono é aquilo que muitos chamam de vestir a camisa ou sentir-se o proprietário da empresa. Trata-se de um profissional engajado, que foca no crescimento do negócio e, consequentemente, no seu próprio desenvolvimento dentro da organização.

Na Nova Gestão, é importante avaliar que a construção de uma cultura assim, em que os colaboradores podem – e devem – se sentir donos das empresas onde trabalham, engloba desafios múltiplos para a gestão, como eliminar posturas, práticas e políticas que:

- Elimine a possibilidade de os profissionais poderem atestar que não vale a pena "sacrificar-se" pela empresa, tendo em vista o contraste salarial com os proprietários da organização;
- O mesmo vale se a ideia é pregada, mas os colaboradores não possuem autonomia;
- Há quem critique também o fato de que a organização não é transparente quanto aos rumos para onde ela pretende seguir – seja em curto, médio ou longo prazo.

Além disso, o conceito aplicado na prática agrega conhecimentos para o desenvolvimento do profissional. Um benefício ímpar para a retenção de talentos e a atração de interessados na cultura da empresa.

Já a "mentalidade do fundador" é o comportamento tipicamente incorporado por um arrojado e ambicioso fundador, a fim de restaurar a velocidade, o foco e a conexão com os clientes: uma clara missão insurgente; uma inequívoca cabeça de dono e uma implacável obsessão com a linha de frente. Estudos de uma década, abordando empresas em mais de 40 países, demonstram a forte relação entre esses três traços (a mentalidade do fundador) em empresas de todos os tipos – não apenas *startups*, e sua capacidade de sustentar o desempenho. Qualquer líder – e não apenas um fundador – pode incutir e fomentar uma mentalidade de fundador em toda a sua organização e encontrar um crescimento rentável duradouro.

COMPENSAÇÃO E INCENTIVOS

A Nova Gestão exige um novo olhar e novas práticas em todas as áreas dos nossos negócios: colocar o cliente no centro; estratégia; cultura e modelo de gestão; arquitetura organizacional, como montar o time; operações ágeis, formas de crescimento e modelos de negócio. Quero aprofundar agora novas práticas de compensação e incentivos.

Os unicórnios da América Latina, (no Brasil já temos mais de quinze, utilizam um modelo que vou compartilhar agora com você), são os *stocks options*.

As *stock options* (opções de ações para funcionários) são comumente vistas como um acordo interno que prevê a possibilidade de participação no capital social de uma empresa, concedido pela empresa ao colaborador como parte do pacote de remuneração do colaborador.

Barreto[4] nos explica seu funcionamento. Como funciona exatamente? Pelo sistema, o colaborador tem o direito de comprar ações no futuro pelo preço que elas têm no momento em que o benefício lhe é concedido, o chamado *strike price*. Assim, embora o valor dos papéis aumente com o tempo, ao exercer o direito, ele ganha dinheiro, pois pode vendê-las pelo preço de mercado. No entanto existem regras para regular esse processo: o padrão é um ano de *cliff* – quem sair da empresa em até um ano não tem

---
4 Idem.

direito a exercer a opção – e quatro anos de *vesting* – tempo necessário para "vestir" as ações.

Quem ganha as *options*? Como ganha? Isso muda muito, mas, como já disse, quanto mais o valor das ações for reconhecido e a "propriedade" for disseminada na companhia, maiores as responsabilidades de a cultura de dono se propagar entre os colaboradores. Vale destacar aqui o processo adotado pela *startup* mineira Méliuz para dar forma ao programa de *stock options* de seus colaboradores. O processo de elegibilidade é aberto a todos e desencadeado pelo próprio colaborador. É ele quem deve escrever aos fundadores, apresentando as razões pelas quais deve se tornar sócio da empresa. Uma vez ao ano, os fundadores se reúnem para analisar os pedidos e decidir quem leva o benefício.

A Revista *Exame*, por meio da sua repórter Mariana Fonseca, fez uma reportagem sobre como funciona no Méliuz:

> Em 2012, pouco depois de sua criação, o negócio se inspirou em práticas das startups do Vale do Silício e de empresas como o grupo 3G, de Jorge Paulo Lemann, e criou um sistema em que os melhores funcionários receberiam uma participação acionária na empresa de cashback (devolução de parte do dinheiro gasto em compras).
>
> "Não tínhamos dinheiro para atrair talentos pagando o salário que o mercado propunha. Por isso, adotamos a prática de stock options", explica Israel Salmen, CEO e cofundador do Méliuz. "É difícil construir algo grande e disruptivo sem dividir esse trabalho com pessoas que pensam como você e se destacam por seus resultados. Essa é uma forma de recompensá-los. Eu acredito muito que é dividindo que fazemos nosso bolo crescer".
>
> Hoje, o Méliuz possui 11% dos seus mais de 150 funcionários como sócios. Salmen afirma que, hoje, a startup não usa mais a participação como forma de atrair talentos, mas sim de engajá-los e retê-los na startup. A necessidade virou estratégia de gestão de pessoas.
>
> Como funciona o stock options?
>
> Quando o programa de distribuição de participação acionária começou, não havia muitos passos. Ofli e Salmen decidiam quem deveria virar sócio do Méliuz e, neste ano, dois engenheiros desenvolvedores foram escolhidos. O Méliuz incorpora processos à sua seleção desde 2014. A startup

abre inscrições para quem quer se tornar sócio em janeiro de cada ano. Os funcionários interessados devem escrever uma carta para os fundadores – Israel Salmen e Ofli Guimarães – contando o passado, o presente e o futuro de suas vidas pessoais e profissionais. Também devem anexar um documento com os resultados que trouxeram ao Méliuz.

Com base nas cartas, os fundadores decidem quem será incorporado ao quadro de sócios e anunciam a decisão no evento de metas anuais do Méliuz, que aconteceu neste ano já no final de janeiro. Quem não for selecionado recebe orientações sobre onde melhorar. "Eu realmente acredito na meritocracia: quando a pessoa está engajada, ela merece e recebe mais", afirma Salmen.

Na avaliação, os empreendedores consideram tanto critérios mais subjetivos – aderência à cultura da startup, sentimento de dono, otimismo e ética acima do lucro – quanto aspectos práticos, como alcançar as metas trimestrais propostas em sua área de atuação.

Durante o primeiro ano com participação, o funcionário fica em um período chamado cliff, ou "penhasco". Se ele sair da empresa ou for demitido, perde seu direito a stock options. Essa é uma forma de a empresa se resguardar de aventureiros. De ano em ano, o membro recebe 25% do dinheiro relativo à sua participação (espécie de contrato de investimento conhecido como vesting). Em quatro anos, terá o valor total em mãos.

Para definir quanto vale essa participação, o Méliuz paga o valuation definido em sua última rodada de investimento – por enquanto, a que ocorreu em julho de 2017. "Entregamos stock options seis meses depois, que foram os melhores de nossa história. Ou seja, eles receberam participações que já valem bem mais sobre o que estão investindo", diz o cofundador.

A participação acionária é um extra, além do salário já recebido pelos funcionários, e costuma ser o equivalente a seis vezes o valor de sua remuneração. O dinheiro investido em participação, no futuro, poderá se transformar em ações, caso a empresa faça uma oferta pública inicial (ou IPO) na B3.

Quem já se tornou sócio do Méliuz também pode pleitear um aumento de participação. O funcionário deve fazer uma nova carta de resultados e enviar para os sócios. Se aprovado, recebe mais um pacote de stock options.

Tais participações não saem dos cofundadores, mas sim de um percentual da empresa conhecido como pool. Essa é uma reserva criada com as rodadas de investimento recebidas pelo Méliuz, de valores não divulgados.

O Méliuz não abre sua porcentagem de pool, mas uma startup costuma começar com 10 a 15% de seus recursos congelados, segundo Salmen. A empresa está abaixo dessa porcentagem, por ter ações já bloqueadas aos seus sócios.

Neste ano (2018), o Méliuz anunciou oito novos sócios e alcançou a marca de 60 milhões de reais devolvidos em cashback. Como meta de expansão, a startup espera saltar para 200 funcionários. Para fazer acontecer, o negócio aposta no seu esquadrão de sócios.

"Este é um produto para os loucos, os desajustados, os rebeldes, os criadores de caso, os peixes fora d'água, os que veem as coisas de forma diferente. São os que não gostam de regras e não respeitam o status quo. Você pode odiá-los, discordar deles, glorificá-los ou vilipendiá-los. A única coisa que você não pode fazer é ignorá-los, pois são eles que mudam as coisas... Eles empurram a humanidade para a frente, e enquanto alguns podem achar que eles são loucos, acreditamos que são gênios, pois os suficientemente loucos que pensam ser capazes de mudar o mundo são os que o farão."

Steve Jobs, fundador da Apple

CAPÍTULO 9:
EXCELÊNCIA OPERACIONAL

Como fazer a nossa empresa ser eficiente, mas que não perca sua versatilidade e resiliência? Como garantir agilidade e consistência nas entregas? Como definir *frameworks* de negócios que estimulem novas descobertas, reinvenções e aprendizados constantes?

Excelência operacional é...

- Execução ágil;
- Máxima eficiência;
- Inovações lineares.

COMO COMPETEM OS NEGÓCIOS INTELIGENTES

A EMPRESA INTELIGENTE

A empresa inteligente permite que toda a cadeia de valor seja reconfigurada para obter escala e personalização. Usando a combinação de duas forças: a coordenação em rede e a inteligência de dados, elas são os dois pilares centrais da empresa inteligente. Essas duas novas funcionalidades, que são permitidas pelo avanço da tecnologia, têm vantagens poderosas sobre os processos e estruturas tradicionais nos negócios.

Ming Zeng, estrategista do Alibaba, explica que "a coordenação em rede é a decomposição de atividades empresariais complicadas para que grupos de pessoas ou empresas possam executá-las com mais eficácia... Com o uso da coordenação em rede, atividades empresariais como vendas, *marketing* e todos os aspectos da produção se transformam em processos descentralizados, flexíveis, escaláveis e globalmente otimizados".

Ele chama de inteligência de rede a capacidade de iterar com eficiência produtos e serviços de acordo com a atratividade e a resposta do consumidor. Isto é, os dados com fluxo constante, gerados com as interações em tempo real e os processos *on-line*, criam um circuito de *feedback* contínuo que, automaticamente, gera decisões que se tornam cada vez mais "inteligentes"[1]. A Inteligência de Dados é a capacidade das empresas de melhorar de forma rápida e automática usando a tecnologia de aprendizado de máquina.

Coisas que são impossíveis de serem realizadas por seres humanos, como fazer a seleção de sugestões na Amazon ou Alibaba, são perfeitamente possíveis para essas duas forças. Na empresa tradicional, esse processo emprega compradores, cartazistas, editores de estilo etc. Não dá para competir. As empresas inteligentes possuem princípios estratégicos para criar dados vivos, colocar o cliente no centro do negócio e repensar o posicionamento estratégico. Qual a sua estratégia para utilizar essas duas forças nos seus negócios?

A inovação acontece à medida que as pessoas compartilham e trocam ideias. Qualquer coisa passível de ser digitalizada pode-se disseminar rapidamente e tornar-se disponível para ser reproduzida e compartilhada.

A GESTÃO ÁGIL E EXECUÇÃO EFICAZ

O Mundo VICAI será o nosso *"business as usual"*. Se você não for ágil, não conseguirá reagir a tempo.

Devido às crescentes pressões do mercado por inovação, produtividade e redução de custos (com prazos cada vez mais curtos), flexibilidade e melhoria de desempenho/qualidade dos projetos e desenvolvimentos, houve o surgimento dos métodos ágeis.

Melhorando significativamente a forma de como desenvolver produtos e serviços, focando em satisfazer e entregar valor ao cliente, por meio de equipes alinhadas e motivadas. Ser ágil é uma nova necessidade estratégica.

---

1 *ALIBABA: estratégia de sucesso,* Ming Zeng. São Paulo: M. Books do Brasil Editora Ltda., 2019.

Mas boas ferramentas não bastam. É preciso uma mudança total de atitude. Como equilibrar eficiência e inovação (mesmo em tempos difíceis como estes)?

Empresas precisam se transformar em ecossistemas que aprendem rápido e inovam de fato. Vejamos quais são os Princípios Ágeis, para que possamos adotá-los nas nossas empresas e alcançarmos a excelência operacional e agilidade.

Princípios Ágeis:

- **Crie uma Visão Global** - todos participam das decisões. Todas as decisões são públicas. Pratique a "Transparência Radical".
- **Processo Orientado ao Cliente** - trabalhar sempre na perspectiva do cliente. Prioridade máxima às tarefas que acrescentam valor ao cliente. Aceitar com agrado as mudanças solicitadas.
- **Colaboração Diária** - clientes e equipe devem se comunicar diariamente. A comunicação deve ser, preferencialmente, cara a cara.
- **Manter o Fluxo** - tarefas centralizadas numa lista, todos os membros do projeto sabem quais são as próximas tarefas. Trabalho constante e regular mantém a paz (diminui as horas extras).
- **Equipes Pequenas e Multifuncionais** - a comunicação horizontal rápida é muito mais eficiente do que as consultas e aprovações verticais. As equipes devem se concentrar em projetos precisamente direcionados que possam ser concluídos em um período de tempo limitado.
- **Atue em Rede** - grande parte de sua agilidade surgirá da profundidade e força de sua rede. Sua teia de relacionamentos faz com que você seja ágil na medida em que você pode usá-los para obter conselhos, conhecimento e experiência.

> "Ter agilidade significa que você é mais rápido que seu concorrente, intervalos de tempo ágeis são medidos em semanas e meses, e não em anos."
> **(Michael Hugos, CIO do Center for Systems Innovation)**

Então como lidar com a complexidade? SENDO ÁGIL! E essas práticas, mesmo sem utilizar essa nomenclatura, já vinha sendo testada há muitos anos. Talvez não tenha tido tanta relevância, pois o mundo mudava de uma forma muito mais linear e lenta. Porém, com este novo contexto, torna-se imperativo para a sobrevivência adotar esse modelo de gestão.

A Gestão Ágil foi projetada para ambientes complexos, incertos e que mudam rapidamente. Porém a maioria das empresas não foi feita para ser ágil. Seus sistemas são altamente acoplados, pois seu crescimento foi orientado por um desejo de eficiência, e não de flexibilidade.

Um dos pioneiros desse pensamento no mundo é o brasileiro Ricardo Semler. Ele relata essa transformação no seu livro *Virando a própria mesa*[2]. "Sempre me perguntam: como você controla um sistema como esse? Resposta: 'não controlo'. Deixo que o sistema funcione por si só". Um dos princípios na base do sucesso da Semco reside na ideia de que todo negócio deve ser pequeno o bastante de modo que cada funcionário possa compreendê-lo como um sistema completo. Os outros princípios são Transparência e Confiança.

> "A força de uma equipe está em cada membro.
> A força de cada membro está na equipe."
> **(Phil Jackson, ex-treinador da NBA)**

Se quiser uma empresa ágil com alta capacidade de antecipação e adaptabilidade, será necessário... liberar as forças criativas, de modo que as pessoas tenham liberdade para proporcionar valor aos clientes e responder as suas necessidades. Uma maneira de fazer isso é permitir a existência de unidades pequenas e autônomas que possam agir e reagir rapidamente e facilmente, sem medo de desestruturar as atividades de outros negócios.

Os benefícios de ser uma empresa ágil são:

- Melhoria na qualidade, na produtividade e nos serviços;
- Maior flexibilidade;

---

2 *Virando a própria mesa*, Ricardo Semler. São Paulo: Editora Best Seller, 1988.

- Redução de custos operacionais;
- Respostas mais rápidas às mudanças tecnológicas;
- Maior comprometimento das pessoas com a organização;
- Habilidade para atrair e reter as melhores pessoas.

A Cielo relata que o tempo médio para desenvolver um dispositivo no *site* caiu 30%, e em alguns chegou até 50%. Na SAS, houve uma redução de 18 para 3 dias no tempo médio que a equipe técnica precisava para resolver um problema.

CAPACIDADES PARA EXECUÇÃO ÁGIL

O *squad*, novo jeito de organizar pessoas, deixa-as mais engajadas e comprometidas, melhora a inovação e dá a agilidade necessária para a empresa se preparar e adaptar à Nova Economia. Esses pequenos grupos empreendedores são projetados para estar próximos aos clientes, adaptando-se rapidamente às mudanças. Quando são implementados corretamente, normalmente proporcionam aumento de produtividade, engajamento e agilidade.

Squad significa "esquadra" ou "grupo de combate". Os líderes empresariais aprenderam que para implementar vários métodos ágeis como *scrum, kanban, lean* etc. eles precisavam reorganizar a forma que as empresas trabalhavam.

Squad é um time pequeno, geralmente de 8 a 12 pessoas, composto por pessoas de várias áreas (multidisciplinar), quase sempre sem chefe formal, pode ser permanente ou não (importante: não é um grupo de trabalho ou comitê) e autônomo (tem recursos próprios e poder de decisão em como empregá-los). Os membros dos *squads* trabalham juntos, mas não necessariamente um deles tem autoridade sobre os demais.

Os *squads* têm mais a ver com conhecimentos sobre as atividades que os membros devem empregar em determinada etapa do trabalho do que a hierarquia dos velhos departamentos. Os times (equipes) devem ter o máximo de informações possível sobre as ações uns dos outros e sobre as condições do seu ambiente – a habilidade de perceber e entender o contexto.

Uma excelente metáfora foi feita pela Revista *Você RH*[3]. "Fica mais fácil entender com uma analogia de guerra. Talvez uma esquadra tenha certo objetivo – por exemplo, percorrer 150 quilômetros em uma montanha, uma floresta e um vale descampado, para destruir uma ponte em um território inimigo. Durante o trecho de montanha, o especialista em montanhismo lidera, e passa o comando para outros nos demais trechos. Se o grupo tiver um perito em combate em selva, ele pode liderá-la durante o trecho de floresta."

Em vez de sentir-se uma peça muito pequena de uma grande engrenagem, as pessoas encontram mais significado no seu trabalho, o que gera maior comprometimento. Cada um de nós é um líder na nossa missão. Segundo o consultor em métodos ágeis Alexandre Uehara, o propósito do conceito é: "Os membros do *squad* ficam 100% focados numa missão de longo prazo subdividida em muitas entregas, e isso é assim para que haja entregas muito frequentes".

Mas essa ainda não é a realidade das empresas brasileiras. Pesquisa da McKinsey revela que apenas 4% das empresas implementaram completamente as metodologias ágeis, nas quais tudo é feito por *squads*. Porém existem boas notícias, 37% das empresas estão fazendo modificações internas importantes para se adaptar aos métodos ágeis de gestão, sem os quais os *squads* não funcionam.

A prática da Nova Gestão "Erre rápido, aprenda rápido, faça rápido" encaixa-se perfeitamente na ideia do "*fail fast*", ou seja, fracasse depressa.

Quando você for montar os seus primeiros *squads*, não se assuste ou desista se os primeiros grupos cometerem mais erros do que deveriam. Algumas vezes, os membros dos primeiros times não sabem como lidar com o fato de terem maiores responsabilidades, pois não haveria chefe para lhes dar ordens. Lembra que comentei o fim do modelo de gestão – comando, cobrança e controle? Pois é, o time passa a ter autonomia.

Essa mudança no modelo de gestão e operação não é fácil de ser implementada, pois afinal de contas são séculos de gestão tradicional que

---

3 *Como ter times mais ágeis*, Revista *Você RH*, edição 58, outubro/novembro de 2018.

temos que romper, a resistência é perfeitamente normal. Você monta os *squads*, dá a eles responsabilidades e autonomia em troca dos benefícios futuros. Mas o que acontece? Eles erram bastante e no início não geram os resultados pretendidos. O que você, seus diretores e gestores têm vontade de fazer? Ir lá e se meter. Portanto a preparação e treinamento dos líderes previamente é fundamental para a implementação ser bem-sucedida.

Os consultores Darrel Rigby, Andy Noble, e Jeff Sutherland (cocriador da versão Scrum da inovação ágil)[4] alertam:

> *Ainda assim, nenhuma equipe ágil deve ser implementada a menos que esteja pronta para começar. Estar pronta não significa que ela deve ter sido planejada em detalhes e ter sucesso garantido. Significa que a equipe deve:*

- *Estar focada em grandes oportunidades de negócios de alto risco;*
- *Ser responsável por resultados específicos;*
- *Ser confiável para trabalhar de forma autônoma – guiada por claros direitos de propriedade, com recursos adequados, e com um pequeno grupo de especialistas multidisciplinares entusiasmados pela oportunidade;*
- *Ter compromisso com a aplicação de valores, princípios e práticas ágeis;*
- *Ser capacitada para colaborar estreitamente com os clientes;*
- *Ser capaz de criar protótipos rápidos e ciclos de feedback rápido;*
- *Ser apoiada por executivos seniores que lidarão com os impedimentos e impulsionarão a adoção do trabalho em equipe.*

Um último lembrete: se implementar métodos ágeis em estruturas tradicionais provavelmente fracassará. As estruturas tradicionais defenderão o *status quo* e produzirão resistências para atacar a metodologia

---

[4] Desenvolvimento *Agile em escala – Como partir de um pequeno número de equipes e chegar às centenas,* Darrel Rigby, Andy Noble, e Jeff Sutherland, Revista *Harvard Business Review*, junho de 2018.

ágil. Portanto é necessário, além de conscientizar toda a empresa dos métodos ágeis, mudar a arquitetura operacional dessa empresa.

> *"Empresa que implementa a gestão ágil obtém grandes mudanças em seus negócios. Muda a combinação de trabalho de modo que passa a inovar mais em relação às operações de rotina. Ela se torna mais capaz de interpretar as mudanças de condição e as prioridades, desenvolver soluções adaptativas e evitar crises constantes que atingem as hierarquias tradicionais. Inovações disruptivas passam a ser menos perturbadoras e mais parecidas com negócios adaptativos comuns. Ela também traz princípios e valores ágeis para as operações de negócios e funções de apoio, mesmo se muitas atividades rotineiras forem mantidas. Isso leva à maior eficiência e produtividade. E melhora a arquitetura operacional e o modelo organizacional para aperfeiçoar a coordenação entre equipes ágeis e operações de rotina. As mudanças são implementadas on-line mais rapidamente e respondem melhor às necessidades do cliente. Por fim, as melhorias são mensuráveis nos resultados – não apenas melhores resultados financeiros, mas também maior fidelidade do cliente e engajamento da sua equipe"*[5].

Com esse parágrafo dos consultores Darrel Rigby, Andy Noble e Jeff Sutherland, quero mostrar que os ganhos de ser uma empresa ágil são muitos, desde que a implementação seja correta.

E quanto às pessoas? Quais as competências essenciais para atuar nesse novo estilo de trabalho? A metodologia Ágil vem em uma crescente no mercado, pois ela estimula a colaboração, o empreendedorismo e a capacidade de antecipação e adaptação, e a inovação e os profissionais que querem ser relevantes neste novo mercado necessitam adotar esse novo estilo de trabalho.

"Hoje, as empresas precisam ser capazes de reagir rapidamente a eventos e oportunidades, mas as velhas formas de trabalhar são simplesmente lentas demais para possibilitar isso. Aqueles que continuam fazendo as coisas do mesmo jeito são dinossauros em vias de extinção, mas muitos nem sequer percebem isso", diz o jornalista Jeff Sutherland, coautor do livro *Scrum: A arte de fazer o dobro do trabalho na metade do tempo*. E o mesmo acontece com os profissionais.

---

[5] Idem.

Essa nova forma de trabalhar exige um novo perfil profissional, muito mais flexível e autônomo. Mais adaptado ao Mundo VICAI. O Fórum Econômico Mundial anualmente lista as competências mais valorizadas. As 15 habilidades que estarão em alta no mercado de trabalho até 2025, segundo o Fórum Econômico Mundial, são:

1. Pensamento analítico e inovação;
2. Aprendizagem ativa e estratégias de aprendizado;
3. Resolução de problemas;
4. Pensamento crítico;
5. Criatividade;
6. Liderança;
7. Uso, monitoramento e controle de tecnologias;
8. Programação;
9. Resiliência, tolerância ao estresse e flexibilidade;
10. Raciocínio lógico;
11. Inteligência emocional;
12. Experiência do usuário;
13. Ser orientado a servir o cliente (foco no cliente);
14. Análise e avaliação de sistemas;
15. Persuasão e negociação.

O *mindset* ágil proporciona as habilidades que Tofler coloca como as principais para o século XXI – Aprender, Desaprender e Reaprender, que comentei no início do livro. Além da flexibilidade, essa nova forma de trabalhar tem outros princípios: cooperação, trabalho em equipe e diversidade de pensamentos e de perfis.

Mas não é fácil essa mudança. Em um relato à Revista *Você S/A*[6], o então gerente de RH da Kroton e hoje gerente sr. *employee experience* da Cogna comentou: "Antes eu queria ter todos os detalhes do que estava

---

6 *Seja um profissional ágil*, Revista *Você S/A*, edição 250, março de 2019.

sendo produzido na minha mão. Foi um sofrimento, mas parei de ser um líder executor e aprendi que meu papel é dar diretrizes. Não foi de um dia para outro, mas criei o hábito de ser mais tolerante ao erro e acreditar mais. As checagens diárias são objetivas e conseguimos visualizar nossas entregas. Só isso diminuiu cerca de três horas de trabalho por semana, o que me deixa livre para me dedicar a outras coisas". A jornada não é fácil, mas para se adaptar a essa nova realidade, você terá que desapegar.

As 5 Atitudes Ágeis que você deve praticar:

1. **Seja flexível** – um profissional ágil vai desenhar um esboço de onde quer chegar, mas tem flexibilidade para pensar em alternativas quando um problema ou uma nova ideia aparecer.

2. **Defina o que fazer primeiro** – 80% do valor de um serviço está em apenas 20% de uso de suas funcionalidades (lembre-se da Lei de Pareto 80/20). Para definir onde está o valor máximo de seu trabalho, faça a seguinte pergunta: quais são as atividades ou projetos que podem gerar mais dinheiro e são as atividades ou projetos que podem gerar mais dinheiro e são mais fáceis de se realizar?

3. **Colaborar mais, competir menos** – você só terá sucesso se conseguir ajudar o restante do time a ganhar o jogo. Deixe de lado a postura de comparação e adote a colaboração. Mostre-se disponível para ajudar os colegas perguntando como poderia ser útil no trabalho deles.

4. **Reduza o desperdício** – elimine os hábitos que prejudicam a sua produtividade. Entre eles está a multitarefa, o excesso de trabalho, burocracias sem sentido e desalinhamento de expectativas. O melhor é concentrar-se em uma tarefa de cada vez, criar objetivos alcançáveis e se organizar para cumprir as metas sem querer ser o grande herói. Esforços homéricos devem ser vistos como falhas, e não mérito.

5. **Reavalie o trabalho de seus colegas com frequência** – profissionais ágeis organizam projetos em etapas curtas, porque precisam, ao final de cada período, analisar o que foi feito e aprendido. A

ideia não é apenas analisar o resultado, mas também a maneira como o processo foi conduzido. Isso ajuda a ver o que deu certo e o que pode ser aperfeiçoado. Mas só funciona quando o *feedback* é propositivo, ou seja, não é focado em encontrar culpados pelas falhas, para isso dar certo, é preciso que todos se responsabilizem coletivamente. Quando o time perde, todos perdem. Tenha inteligência emocional para abordar questões incômodas e maturidade para ouvir críticas sem ficar na defensiva.

Dicas de quem já implantou. Quero compartilhar com você agora três dicas de empresas que já vivenciaram essa jornada.

Três Dicas da Kroton:

1. A Kroton não se divide mais em departamentos, mas em 20 "fluxos de valor". Um desses fluxos cuida da "Jornada do Aluno", isto é, da experiência do jovem desde o momento em que se interessa pela Kroton até o dia que se forma. É mais fácil dividir fluxo de valor em *squads* do que dividir departamentos em *squads*;
2. O trabalho entregue a cada *squad* é chamado de "história", e, como o nome diz, deve mesmo parecer uma narrativa, contada de maneira mais despretensiosa possível. Por exemplo: "incluir nos sistemas do RH um mecanismo pelo qual o funcionário entregue documentos comprobatórios com facilidade";
3. Em todos os *squads*, há um membro acadêmico. "A Kroton não pode ser digital porque digital está na moda. O aluno tem de aprender".

Será que você, assim como muitos críticos, considera que as metodologias ágeis são um novo modismo? O que será que Jeff Sutherland acha disso?

"*Bem, acho que Google, Apple, Amazon, Microsoft, Uber, Airbnb e Facebook também são modismos. O que eu quero dizer é que o mundo está mudando* cada vez mais rápido, impulsionado por novas tecnologias ou ideias. O colapso de empresas que antes dominavam mercados inteiros já não é raro. Não dá para as organizações continuarem fazendo tudo igual a décadas atrás – e o método cascata é o objeto de um mundo que não existe mais, como um chicote de carruagem. No fundo é simples: Mude ou Morra".

AUTOAJUSTE EM TEMPO REAL

Devido à volatilidade do mundo de hoje, nem sempre o que planejamos efetivamente acontece. Precisamos preparar nossas operações, ou seja, nossa execução para ajustar-se às novas condições de mercado provocadas pelas mudanças nos consumidores, contexto ou concorrentes. Ajustar e reajustar constantemente ao ambiente em tempo real é uma nova exigência para todas as organizações.

Ming Zeng afirma: "O autoajuste faz a aprendizagem se tornar o foco central da empresa. O processo de criar a estratégia é gerar, coordenar e modificar experimentos – uma operação extremamente diferente do planejamento tradicional em longo prazo. A empresa busca uma visão coerente do futuro, tanto em metas como em execução. Ela implementa essa estratégia fazendo experiências com base nessa visão em toda a empresa. Quando há interseção da visão e do experimento, o sucesso é iminente".

Comentamos no início que fomos aprofundar o conhecimento das empresas que estão tendo sucesso nesta Nova Economia, e uma delas, como falamos anteriormente, é a Alibaba. Então vejamos como ela adotou o autoajuste:

> "Portanto nossa empresa adotou aos poucos o ethos do autoajuste. Trabalhamos para aplicar uma abordagem evolutiva a todos os níveis da empresa. A visão, o modelo de negócio e até nossa estrutura organizacional são regularmente recalibrados de acordo com o ambiente por meio da experimentação. Em termos mais fundamentais, nosso processo de aprendizagem não ocorre em uma cadeia deliberativa de cima para baixo. Ele se espalha por toda a empresa e se autodirige. A empresa não é mais vista como meio de amplificar e transmitir em cascata as intenções dos líderes. As informações, sejam contribuições dos usuários, mudanças ambientais ou respostas eficazes ou ineficazes fluem livremente pela

empresa e cada participante pode responder. Com a visão articulada pelos líderes servindo de polo magnético, a empresa se move de forma orgânica".

E Zeng finaliza com a seguinte provocação – se os administradores não dirigem nem controlam mais e a empresa se autoajusta, qual é o papel da administração numa empresa inteligente? Como a empresa deveria ser e como os administradores deveriam projetar sua organização?

Trataremos disso no capítulo 11 - LIDERANDO DIANTE DE UMA NOVA REALIDADE – o que os líderes podem fazer em toda a empresa para que as coisas certas aconteçam?

INOVAÇÕES INCREMENTAIS E DISRUPTIVAS

Sabemos que para mantermos nossas empresas relevantes nesta Nova Economia temos que continuamente estar inovando. Criar Valor, Ofertar Valor e Capturar Valor são os pilares de uma empresa de sucesso nesta nova realidade. Existem três camadas de inovação.

- **Camada 1 – Engajamento:** o objetivo é olhar para dentro e identificar formas de engajar executivos e times no processo de inovação;
- **Camada 2 – Operação:** camada mais popularizada nas conversas e materiais sobre inovação aberta. Contempla as ferramentas e metodologias focadas na aplicação e execução;
- **Camada 3 – Repercussão:** essa camada olha mais para fora da corporação, com o objetivo de reverberar as iniciativas da companhia em inovação aberta, e tem um papel decisivo em termos de posicionamento de marca e *branding*. Muito importante para posicionamento de marca e *branding*.

Mas atenção! Não comece sua estratégia de inovação aberta por essa última camada. Para gerar reconhecimento de marca com atributos de inovação, é importante ter uma estratégia clara e bem definida de como a inovação será trabalhada na empresa antes de tudo. Caso contrário, há risco do chamado "teatro da inovação".

E o que levar em consideração ao formar o seu *squad* de inovação?
Deverão ser consideradas três perspectivas na construção do time de inovação dentro da empresa:

Os resultados esperados X expectativas
O alinhamento das expectativas com os líderes da organização é fundamental, porém frequentemente não é elaborado da forma correta. Portanto comece sua jornada perguntando o que os executivos da sua corporação entendem por inovação.

Para começar, sugerimos o uso da matriz de ambição publicada na Harvard Business Review. Ela foca em três pontos:

1. **Ligada ao core** – inovação para ser mais eficiente, ser mais produtivo, resolver problemas ou dores. Menos disruptiva e com resultados mais tangíveis. Normalmente são inovações incrementais;
2. **Adjacente ao core** – ganhar *time-to-market*, testar novos modelos de negócio, são as inovações radicais;
3. **Transformacional** – mais exposta a riscos. Trabalhar em modelos de negócio totalmente inéditos ou matar o próprio *core*, antes que alguém o faça. São mais disruptivas e com retornos não claros, são as disruptivas.

Esse é um bom ponto de partida que pode ser apresentado às lideranças da empresa, sobre como a estratégia de inovação será posicionada.

A dica é que você experimente um pouco de cada camada, atribuindo pesos para cada uma delas de forma que reflitam a estratégia de inovação a ser adotada.

Inovação disruptiva, radical e incremental: qual a diferença? Reforçando os conceitos
A inovação incremental consiste em uma série de pequenas melhorias ou atualizações feitas nos produtos, serviços, processos ou métodos existentes. São inovações sustentáveis que ajudam as empresas a permanecer no jogo, mas não geram um grande impacto, necessariamente.

A inovação radical é um processo complexo, e não um evento discreto. Podemos defini-la de várias maneiras, mas provavelmente a melhor delas é com base na "estratégia do oceano azul", como Kim e Mauborgne defendem. É criar uma proposta de valor irresistível, para tornar seu concorrente irrelevante. É promover um salto quântico no valor para os clientes e, ao mesmo tempo, promover queda acentuada na estrutura de custos do setor.

A inovação disruptiva trata-se de um processo em que uma tecnologia, produto ou serviço é transformado ou substituído por uma solução inovadora superior.

Para os clientes, isso significa ser mais acessível, simples ou conveniente.

FRACASSOS BEM-SUCEDIDOS

> *"Na Amazon, testar é um estilo de vida: todos os membros da equipe são incentivados a testar coisas novas para melhorar o funcionamento da empresa. Se algo não dá certo, ninguém é punido – os funcionários são estimulados a examinar o que não funcionou e aprender com isso. Quando algo dá certo e tem potencial, a Amazon aposta pesado. Todas as pessoas, em todos os níveis, recebem as ferramentas necessárias para serem inventivas. O incentivo aos testes faz da Amazon uma organização extremamente criativa. Contudo, por definição, quem testa corre o risco de falhar. A maioria das empresas enxerga as falhas como um risco a ser evitado. Bezos pensa exatamente o contrário".*

Com este texto, Steve Anderson, especialista em risco, tecnologia, produtividade e inovação, e Karen Anderson, autora, editora e especialista em *marketing* direto, iniciam o capítulo sobre o Princípio 1 da Amazon: incentivar o "fracasso bem-sucedido", do livro *As cartas de Bezos*[7].

Vivíamos há muitos em um Mundo Óbvio, no qual as causas e efeitos são repetíveis, conhecíveis e previsíveis. Buscava-se a melhor prática (*best practice*). A automação do procedimento operacional

---

7 *As cartas de Bezos*, Steve Anderson. Rio de Janeiro: Sextante, 2020.

padrão fazia a diferença. Os dados forneciam respostas e qualquer um podia interpretar, medir e melhorar.

Então o mundo tornou-se complicado. As causas e os efeitos eram então separados por temporizador e espaço. Buscavam-se as Boas Práticas. Regras de planejamento preditivo e análise de especialistas ganharam importância. Os dados forneciam opções e especialistas podiam interpretar e medir à vontade.

Mas as velocidades das transformações se aceleram e agora chegamos a um mundo complexo. Nesta nova realidade, devemos buscar as Práticas Emergentes. Devemos sondar, buscar interpretar e elaborar nossas respostas.

Podemos até considerar que em alguns aspectos vivemos o mundo caótico, onde as causas e efeitos não são percebidos de forma útil. Busca-se a Prática Nova. É o tempo de agir para trazer estabilidade e saber gerenciar crises. A experiência informa as decisões. Ação é necessária.

Então, diante dessas possibilidades de ver o mundo, onde você acha que estão as grandes oportunidades? Em um mundo óbvio? Ou em um mundo complicado, complexo ou até caótico? Claro que estão nesse novo contexto. E para explorá-lo precisamos testar, experimentar, fracassar.

Se o fracasso nem sempre pode ser algo negativo, o que o torna bem-sucedido?

Um fracasso bem-sucedido é aquele em que você aprende com ele e aplica o que aprendeu – e isso faz toda a diferença. Na Amazon, o processo de aprendizagem é tão importante que Bezos incorporou o fracasso intencionalmente no seu modelo de negócios.

Dicas de Anderson para incentivar o "fracasso bem-sucedido":

- Faça um inventário na sua empresa em relação à "tolerância ao fracasso". Como a sua organização lida com o fracasso?
- Quando foi a última vez que você usou um fracasso como "estudo de caso" para melhorar seu negócio?
- O que você pode fazer dentro da sua empresa para mostrar que o fracasso é uma oportunidade para aprender e melhorar?

SKUNK WORKS

Surgiu em 1943, durante a Segunda Guerra Mundial. O governo norte-americano fez um desafio para a Lockheed Martin, que era criar um jato o mais rapidamente possível para ser utilizado nas batalhas aéreas.

Em Palmdale, Califórnia, foi montado um time com os melhores engenheiros e mecânicos, com total autonomia, onde os princípios eram: nenhuma ideia é muito excêntrica e eliminar a negatividade, pois ela mata a criatividade. Vale destacar: a equipe estava totalmente isolada da burocracia.

O resultado foi a criação do XP-80, o primeiro US Fighter Jet, foi desenvolvido em apenas 143 dias.

Em uma pesquisa com os funcionários da Skunk Works da Lockheed, eles disseram que você sabe que é uma Skunk quando:

- Você está ansioso para trabalhar porque sabe que está trabalhando no próximo *design* e tecnologia de ponta;
- O logotipo da Skunk está estampado no seu carro e nas roupas;
- Você se preocupa mais em fazer isso do que em obter crédito;
- Você sabe que é sobre o avião, não sobre você;
- Você não pode contar para sua família no que está trabalhando;
- Você sabe que a negatividade é o maior assassino da criatividade;
- Você continua surpreso por ser pago para fazer o que faz;
- Você nem sempre segue as regras aceitas de engenharia.

O nome Skunk Works foi retirado da fábrica da história em quadrinhos Li'l Abner. A designação *"skunk works"* ou *"skunkworks"* é amplamente usada em negócios, engenharia e campos técnicos para descrever um grupo dentro de uma organização com alto grau de autonomia e sem entraves burocráticos, com a tarefa de trabalhar em projetos avançados ou secretos.

Espero que você avalie a possibilidade de utilizar o Skunk Works, pois ele é um dos métodos utilizados pela Nova Gestão para inovar e criar produtos/serviços relevantes.

PROCESSOS E GOVERNANÇA LEVES E EVOLUTIVOS

Como manter as equipes auto-organizadas (*squads*), alinhadas aos objetivos estratégicos organizacionais, e ao mesmo tempo evitar os riscos que a adoção desses métodos possa trazer à organização?

Quando o líder delega poderes, geram-se desalinhamentos inevitáveis, decorrentes do novo modelo, bem como da impossibilidade de previsão de todas as condições que inibam esse desalinhamento. Para gerenciar esse conflito é estabelecido um relacionamento entre todos os envolvidos, chamado "Governança". Esse relacionamento abrange: a forma como os objetivos organizacionais são definidos e perseguidos, como os riscos são elencados e monitorados e como a *performance* organizacional é continuamente melhorada. Conversar, alinhar e estabelecer um manual com valores, princípios e detalhamento do contexto contribuem para minimizar possíveis desalinhamentos.

O professor Roberto Slomka relata sua experiência e chega à seguinte conclusão:

> *"As ações de governança se dão por meio de mecanismos eficientes de monitoramento, controle e incentivos, que garantam o alinhamento da atuação dos agentes aos interesses dos proprietários. No âmbito da Gestão de Processos, a Governança de Processos é definida como um framework que organiza e define os elementos: papéis e responsabilidades, padrões, tarefas, estrutura organizacional, objetivos, mecanismos de controle e mecanismos de avaliação, de forma a viabilizar a Gestão de Processos como elemento de gestão cotidiano nas organizações, com o objetivo de melhorar a performance de seus processos. Concluindo, a decisão de introduzir os métodos ágeis como principal paradigma para os processos corporativos é uma realidade que já está se implantando. Compreender seus riscos, os cenários onde os métodos ágeis funcionam e onde apresentam maiores desafios é a única forma segura de utilizá-los com responsabilidade.*
>
> *A criação constante de resultados concretos, como premissa do Scrum, favorece a adoção de mecanismos estatísticos de acompanhamento dos processos que auxiliam a percepção de seus pontos fortes e de oportunidades de melhoria, e que, uma vez identificadas e tratadas, alavancam a produtividade e a qualidade do time. Utilizar esse contexto para melhoria contínua*

da performance da equipe é fundamental para alcançar o sucesso, seja na forma em que o definirmos em nossos projetos. No melhor espírito 'agilista', essa contribuição é uma primeira iteração no sentido de se construir e melhorar continuamente esta governança".

EXCELÊNCIA OPERACIONAL

Como surgiu a excelência? Em 1982, Tom Peters inicia sua caminhada que o tornaria conhecido como continuador do trabalho de Peter Drucker. A busca pela excelência tornou-se uma obsessão para Tom Peters e lhe rendeu uma grande exposição, pelas ideias simples e revolucionárias que propunha. Apesar de ser o maior defensor da Excelência, para ele a EXCELÊNCIA NÃO EXISTE! Uma das suas frases prediletas é: "Se não está quebrado é porque você não olhou direito, tudo pode ser aperfeiçoado".

Empresas excelentes não acreditam em excelência – somente em aperfeiçoamentos e mudanças constantes. A Excelência precisa unir a qualidade técnica e a qualidade humana. Qual o melhor lugar para iniciar a excelência? É com o desempenho do indivíduo e suas atitudes com relação à qualidade. A excelência se destaca pelos detalhes.

Para Peters e Waterman Jr., autores de *In Search of Excellence*[8], as empresas devem resolver os seus problemas utilizando apenas os processos de negócio indispensáveis e devem repartir o poder de decisão pelos diversos níveis hierárquicos da empresa. O conceito de excelência operacional é transversal a todas as áreas de uma organização, o que obriga a que haja um alinhamento dos seus sistemas de informação com os objetivos da empresa.

A excelência operacional atinge-se através da integração e coordenação das diversas funções e processos de negócio, buscando a eficácia, para que a tomada de decisão seja o mais célere possível. O objetivo máximo é atingir a qualidade da prestação do serviço e a satisfação do cliente atual. Interessa acima de tudo fidelizar esse tipo de clientes e angariar novos clientes. O ponto forte de

---

[8] *Vencendo a crise – como o bom senso empresarial pode superá-la*, Thomas J Peters e Robert H Waterman Jr. Editora Harper Row do Brasil, 1983.

uma empresa deve residir na relação de proximidade que desenvolve com os seus clientes e na eficiência com que faz chegar os seus produtos/serviços ao cliente final.

E como potencializar a EXCELÊNCIA? Segundo Robert Sutton, "crie uma empresa na qual as pessoas digam 'eu sou o dono do lugar e o lugar é meu dono'". Saiba que sua capacidade para atingir a excelência depende da sua disposição para contratar pessoas que são melhores que você.

> "Clientes podem demitir todos de uma empresa, do alto executivo para baixo, simplesmente gastando seu dinheiro em algum outro lugar."
> **(Sam Walton)**

FECHANDO O CICLO DA EXECUÇÃO

Cultura ágil, Processos e governança ágeis, *Squads*, Excelência operacional, Inovação aberta e Ambidestria são os elementos que fecham o ciclo da execução.

O que é necessário para sermos excelentes operacionalmente?

1. **Precisamos ter cultura leve, conectada e aberta** – "Nunca está bom", Curiosidade, serendipidade e "radar ligado", experimentação – pequenos experimentos, tentar primeiro, pedir desculpa depois são valores vistos nas empresas que adotam a Nova Gestão;
2. **Processos e governança ágeis** – a forma como os objetivos organizacionais são definidos e perseguidos, a gestão de processos ágeis, como os riscos são elencados e monitorados e como o desempenho organizacional é continuamente melhorado;
3. **Equipes ágeis pequenas e autônomas** – elas são mais felizes, mais rápidas e mais bem-sucedidas, mas também exigem mais coordenação e ciclos de planejamento e financiamento mais frequentes. As equipes ágeis eliminam camadas de hierarquia, mas menos camadas significam menos mudanças de títulos (cargos) e promoções menos frequentes;

4. **Excelência operacional** – as melhores práticas para excelência operacional ocorrerão efetivamente quando os líderes se comprometerem com práticas de qualidade. Os resultados são alcançados estimulando o conhecimento, recrutamento, treinamento por meio de processos adequados e fáceis. O fator mais crítico é promover a excelência nas mentes dos funcionários e manter o foco nas necessidades, percepções e expectativas dos clientes. A construção de estruturas de conhecimento e execução fortalece as estratégias e permite que líderes promovam e reconheçam boas práticas. E, por último, mas não menos importante, para manter a excelência uma vez alcançada, essas práticas devem ser expostas a críticas, revisões e melhorias regulares;

5. *Open Innovation* – a inovação aberta abrange o gerenciamento e a acumulação de ideias, conhecimentos, licenças, propriedade intelectual, patentes e invenções. Em termos de inovação, pode-se considerar inovação pelo usuário, inovação de *marketing*, inovação cumulativa e inovação distribuída. Portanto a teoria de inovação aberta corresponde a uma série de abordagens de inovação cujo elemento base é a inovação feita além dos departamentos de pesquisa e desenvolvimento das organizações. Em outras palavras, a inovação aberta incorpora esforços conjuntos de iniciativas internas à organização e uma possível terceirização ou combinação de várias entradas advindas do ambiente externo, durante o processo de concepção e desenvolvimento dos produtos;

6. **Ambidestria** – Ambidestria organizacional é a capacidade de um negócio de balancear o foco na eficiência operacional, à medida que olha e se atualiza para o futuro. A visão das empresas precisa estar conectada com as transformações aceleradas que acontecem no mercado, em razão do desenvolvimento tecnológico e da consequente mudança no comportamento dos consumidores. Caso isso não aconteça, a história já nos mostra o destino de quem ousar fechar os olhos para isso: produtos e serviços obsoletos e suas respectivas empresas fadadas ao fracasso. Ambidestria é aproveitar ao máximo o presente, e ao mesmo tempo explorar o futuro. Precisamos ser excelentes operacionalmente (ágeis) e inovarmos simultaneamente.

"Gerir o curto prazo é fácil, mesmo na crise. Gerir o longo prazo é fácil, mesmo na incerteza. O difícil é gerir os dois ao mesmo tempo."

Jack Welch, ex-CEO da GE, considerado o executivo do Século XX

CAPÍTULO 10:
CRESCIMENTO E LONGEVIDADE

Chegando ao próximo patamar de crescimento

Por que devemos crescer? Como podemos crescer? Onde podemos crescer? Qual deve ser a estratégia para crescer? Como deve ser o plano para crescermos? Quanto investir no crescimento? O que devemos fazer para garantir a longevidade?

Se esses são alguns dos seus questionamentos sobre o crescimento e a longevidade da sua empresa, neste capítulo quero fazer algumas reflexões com você e compartilhar algumas práticas que as empresas da Nova Economia têm adotado para proporcionar o crescimento e a longevidade.

COMO DISTINGUIR O BOM DO MAU CRESCIMENTO

A história empresarial evidencia que nem todo crescimento empresarial é saudável. Fusões e aquisições mal realizadas em muitos casos pouco fizeram para o aumento da receita e da lucratividade de algumas empresas. Como também o crescimento feito com o uso do capital de forma ineficaz comprometeu a saúde e sobrevivência de muitas organizações. Então o que devemos fazer para distinguir o bom do mau crescimento?

É claro que qualquer expansão aumenta as receitas da empresa, seja ela uma aquisição, fusão, expansão territorial etc. Mas isso não significa dizer que esse aumento de receita tenha sido um bom crescimento. O bom crescimento é aquele que agrega valor, aumenta os lucros e dá sustentabilidade à empresa a longo prazo.

Ram Charam, no seu livro *Crescimento & Lucro*, comenta sobre o bom e o mau crescimento:

> *"O bom crescimento – ou seja, o crescimento lucrativo, orgânico, diferenciado e sustentável – agrega valor ao patrimônio da empresa com o passar do tempo. Já o mau crescimento destrói o patrimônio da organização. Fusões e aquisições, um exemplo básico de mau crescimento geralmente tem como base a visão míope da sinergia, que não tem o menor fundamento na realidade do mercado. Quando os contratos são anunciados, são prometidas proezas, como fazer com que 4 + 4 = 10. Contudo, na prática, os resultados são 4 + 4 = 5 ou 6, no máximo. É verdade que inúmeras fusões e mega aquisições resultam numa sinergia de custos momentânea – em geral, a redução dos custos advém da eliminação de tudo o que acaba duplicado em virtude da fusão –, mas, raramente, ocasionam maiores taxas de aumento da receita que se sustente a longo prazo"*[1].

Não podemos condenar, nem tampouco Charam, as aquisições e fusões. Existem excelentes exemplos de empresas brasileiras que utilizaram o caminho das aquisições para crescer e obtiveram enorme sucesso. Um dos exemplos que podemos citar foi o Grupo Pão de Açúcar na década de 1990, que depois da reestruturação realizada voltou a crescer organicamente, mas somente conseguiu retomar a liderança nacional do segmento supermercado por meio da aquisição de várias outras empresas do setor.

Características do bom crescimento[2]:

- Lucrativo;
- Orgânico;
- Diferenciado;
- Sustentável.

Lucrativo
O bom crescimento tem essa característica porque o objetivo de uma empresa quando busca o crescimento é aumentar as receitas e a

---

1 *Crescimento & lucro*, Ram Charam. São Paulo: Editora Campus, 2004.

2 Idem.

lucratividade. Se o crescimento que a empresa obteve não gerou um aumento da lucratividade, que é chave para novos investimentos e que faz com que a empresa possa garantir a sua sobrevivência, ele não é um bom crescimento. Ou seja, o retorno do investimento realizado no crescimento deve ser maior do que os rendimentos que poderiam ser auferidos em uma aplicação segura.

Orgânico

Outra característica do bom crescimento é que geralmente ele é mais sólido quando a empresa constrói as bases para esse crescimento dentro da organização. São desenvolvidas e implementadas inovações em produtos e serviços dentro da própria empresa. A formação de equipes para pesquisar, desenvolver e implantar essas inovações reforça o trabalho em equipe e o sentimento de unidade dentro da organização.

Diferenciado

Vimos anteriormente que a inovação e a diferenciação são muito importantes para que a empresa consiga ter vantagens competitivas. O bom crescimento tem a característica de ser diferenciado justamente por isso. Produtos e serviços comuns estão sofrendo cada vez mais os efeitos da maturação e comoditização, e consequentemente guerra de preços, o que reduz as margens de lucratividade. É muito importante que a liderança da empresa busque a estratégia de se diferenciar dos seus concorrentes e sair da mesmice para obter um bom crescimento.

Sustentável

Sempre digo que chegar ao sucesso é fácil, o difícil é se manter lá. Com o crescimento empresarial é a mesma coisa. Não adianta ter um crescimento rápido e depois a empresa ter que forçosamente diminuir. Charam comenta: "O bom crescimento prossegue ao longo do tempo, em sua trajetória sustentável, pois não há a busca por um rápido aumento momentâneo na receita, causado pela redução de preços ou pelo investimento de quantias substanciais na 'onda' do momento". O objetivo é fazer com que o crescimento continue ano após ano.

Exemplos de mau crescimento

- Reduzir preços para aumentar a participação no mercado sem uma diminuição correspondente nos custos;
- Buscar crescer sem uma vantagem competitiva definida;
- Oferta de condições de crédito fora do comum – aquelas que resultam em perda de dinheiro em cada venda – que jamais funcionam a longo prazo;
- Subsidiar as compras do cliente cobrando juros muito baixos ou isentando-os dos custos financeiros;
- Oferecer um período longo demais para a primeira parcela do pagamento sem receber essa mesma condição dos fornecedores.

Todos esses exemplos de ações, com certeza, provocarão um crescimento imediato nas receitas da empresa, porém, esse crescimento será um mau crescimento, pois ele não é lucrativo e sustentável.

> "O único meio de promover o bom crescimento é fazer com que todos na organização acreditem que é possível alcançá-lo. Cabe à liderança de sua empresa criar a mentalidade correta em seus funcionários."
> **(Ram Charam)**

EMPRESAS PONTO, LINHA E PLANO

Para termos sucesso nesta Nova Economia, devemos entender qual é o papel da nossa empresa no ecossistema. Ming Zeng traz para nós uma nova teoria sobre o posicionamento de uma empresa no ecossistema. Ele separa-o em três papéis distintos: ponto, linha e plano.

Na teoria estratégica tradicional está o posicionamento, que responde a três perguntas fundamentais: quem são os seus clientes? Qual a sua proposta de valor? Qual o seu diferencial? Para responder a essas questões, Porter propunha três estratégias de posicionamento: liderança de custo, diferenciação e nicho. Desde então essa teoria tem sido de grande utilidade para as empresas definirem seus posicionamentos. Só que o mundo mudou e as vantagens competitivas agora são efêmeras, como vimos em capítulos anteriores.

Segundo Zeng, hoje cada vez mais a atividade econômica ocorre dentro de algum tipo de rede inteligente.

Os pontos são indivíduos ou empresas que possuem habilidades especializadas, mas, geralmente, não conseguem sobreviver por conta própria. Os pontos prestam serviços funcionais. As linhas são as empresas que combinam funções produtivas e funcionalidades para criar produtos e serviços, em geral utilizando os serviços prestados pelos pontos e planos. E os planos são as plataformas que ajudam novas linhas a se formarem e crescerem, oferendo serviços de infraestrutura e provocando o crescimento dos pontos. A proposta básica de valor, a vantagem competitiva e as funcionalidades organizacionais de cada participante são distintas. A estratégia de cada posição é única.

Mas para posicionar-se corretamente as empresas têm de entender tanto a lógica central de cada abordagem quanto a relação entre as diversas posições.

A proposta de valor de um ponto é oferecer uma função ou funcionalidade muito específica e oferecer essa função exponencialmente bem. Na maioria dos casos, os pontos não oferecem produtos ou serviços completos a consumidores ou clientes.

Para saber se a empresa tem o papel de um ponto, pergunte-se: a nossa empresa é responsável por mais de uma função dentro de uma cadeia de suprimento? Ela pode desenvolver um produto ou serviço completo para sua clientela? Se a resposta for não, provavelmente é um ponto.

Zeng ressalta que tradicionalmente, as funções ponto foram absorvidas por grandes estruturas organizacionais para minimizar custos de transação. Mas o surgimento da internet reduziu drasticamente o custo de transação e criou mercados para a troca fácil das habilidades dos pontos.

As propostas de valor dos pontos são bem simples, com poucas barreiras à entrada. O posicionamento de ponto é muito adequado para pessoas ou pequenas empresas, mas, pelo mesmo motivo, a concorrência pode ser muito grande.

Muitas pessoas podem desvalorizar esse posicionamento, pois quem quer ser um ponto em um mercado enorme como temos hoje, mas é um erro. Para aqueles que sabem aplicar a flexibilidade e agilidade, as oportunidades são também enormes e sustentáveis, principalmente quando a demanda por serviços essenciais aumenta nas plataformas.

As empresas que se posicionam como linhas são as que produzem valor, interligando ao negócio diversas funcionalidades e as organizando num fluxo de trabalho coerente.

A maioria das empresas da Velha Economia e que os empreendedores estão acostumados a criar se encaixam nesse posicionamento. A empresa ponto é um integrador de diversos pontos. A função principal da linha é coordenar diversas funções para criar um produto ou serviço. O participante linha da Nova Economia é diferente, pois ele utiliza a plataforma para todos os tipos de produtos e serviços, para a empresa funcionar. A decisão mais importante para uma linha é com que plano ou planos fará parceria.

O papel das empresas plano é que elas não vendem produtos e serviços no sentido tradicional. Sua proposta de valor é ligar compradores e vendedores (Alibaba), usuários de busca e anúncios (Google), usuários de rede social e informações (Instagram), para citar alguns exemplos.

Essas empresas obtêm vantagem competitiva com a eficiência dessas ligações. O negócio do plano é a conexão. Com certeza é um excelente posicionamento, mas a estratégia de plano traz um risco muito grande, pois ele sofre de períodos de incubação longos e caros e exige equilíbrio constante entre os interesses de todos os participantes da plataforma. O seu principal desafio é atrair para a rede o máximo possível de participantes compradores e vendedores.

Dentre os unicórnios brasileiros, *startups* com avaliação de mercado de mais de um bilhão de dólares, vemos que várias delas se posicionam como empresas plano – 99, aplicativo de táxi e carros particulares, que liga passageiros a motoristas; Loggi – plataforma de logística que liga empresas que precisam entregar seus produtos a seus consumidores; iFood – *delivery* de comida e compras de supermercado que liga consumidores a restaurantes e supermercados etc.

Qual deve ser o posicionamento da sua empresa nesta Nova Economia? Ela é um ponto, uma linha ou um plano? Utilize esta reflexão para analisar o que pode ser modificado ou gerado no seu modelo de negócios, que gere novas oportunidades de crescimento.

> "Num mundo de empresas inteligentes, não é possível construir modelos de negócios competitivos por contra própria; eles serão superados por concorrentes que aproveitem com mais eficácia os recursos das redes... Um dos maiores erros estratégicos cometidos por empresas, principalmente pelas que não estão na internet (ou será da Velha Economia, provocação minha), é diagnosticar erradamente seu relacionamento competitivo com outras empresas da rede... Um novo arcabouço de posicionamento exige uma mentalidade completamente diferente quanto à estratégia... Hoje, todas as empresas, mesmo as que estão completamente off-line, atuam num mundo definido por redes, dados, aprendizado de máquina e algoritmos. Se você ainda não opera num ecossistema, com o tempo operará, e provavelmente muito mais rápido do que pensa". **(Ming Zeng)**

NOVAS HIPÓTESES: MUDE E RECOMBINE PARA IMAGINAR NOVAS FONTES DE RECEITA

Quem se acostumou a ganhar dinheiro de uma única maneira é um perigo

O contexto mudou. Como podemos responder ao mercado que muda tão rapidamente?

Estamos abertos a entender e antecipar as forças que estão mudando a nossa arena competitiva e organização? Se estivermos dispostos, podemos gerar inúmeras novas hipóteses, mudar e recombinar nossos ativos, para gerar novas fontes de receita.

A primeira coisa a fazer é: liberte-se de hipóteses antigas da era pré-digital (desaprenda);

Segunda, para encontrar novas hipóteses: tente encontrar gargalos e ineficiências em seus processos e considere se novas tecnologias digitais podem ajudá-lo a repensar as suas atividades; que grande ideia de negócio emergirá?

Terceira, considere exemplos dentro e fora do seu setor; como dizia Van Gogh, "não sufoque sua inspiração e sua imaginação; não se torne escravo do seu modelo".

Quarta coisa a fazer: reinvente seu modelo de negócios. Cinco formas para que você faça isso são: reinvenção do setor (como a Apple fez com as músicas); substituição de produtos e serviços (como a Fujifilm); criação de novos negócios digitais (como a Nike); reconfiguração dos novos modelos de geração de valor (como a Volvo); ou repensar as proposições de valor (assim com a Tokio Marine).

Em meio a tantas incertezas, algumas certezas...

Assim como após a Segunda Guerra Mundial, novos segmentos de clientes surgirão após esta pandemia, com necessidades radicalmente novas. Os líderes que reformularam suas empresas com base nessas lições superaram a concorrência.

Três mensagens principais ganham força para você e sua equipe:

- Converse com os clientes;
- Evite um retorno às antigas formas de trabalhar. Sempre digo que devemos sair melhores depois de períodos turbulentos. As crises são ótimas oportunidades para nos aperfeiçoar;
- E deixe que os valores e princípios da empresa guiem todas as decisões.

Qual a sua predisposição para redesenhar a sua empresa? Onde pode estar suas novas fontes de receita? Cristiano Kruel diz: "O grande risco de alguém ter tido sucesso por muitos anos é ter se acostumado a ganhar dinheiro de uma forma apenas".

Qual método posso utilizar para gerar novas hipóteses e novas fontes de receita? Vou compartilhar com você agora um dos métodos que utilizamos.

1º Passo – Novos Nichos
- Avalie se existem novos nichos (setores & consumidores), setores, verticais, regiões, redes de valor & fontes locais, tipos de negócios.
- As mudanças ocorridas no seu mercado são temporárias ou duradouras?

- Existe um novo nicho em potencial que se destaca?
- *Follow the Money* – para onde o dinheiro está indo? Seguir o dinheiro é sempre uma boa dica para identificarmos novas oportunidades.

2º Passo – Novos Modelos de Negócio (distribuição e monetização)

- A sua empresa pode modificar seu posicionamento de Ponto, Linha ou Plano? Pode em vez de vender, alugar ou compartilhar?
- Que novos comportamentos você percebeu nos consumidores?
- Quais seriam novas formas de se fazer negócios?

3º Passo – Reimagine (Tweaks & No tweaks)

- Você pode modificar o produto ou serviço? O modelo de distribuição? O nicho de mercado? Ou a forma de monetizar?
- Utilize a seguinte fórmula:

Você possui quatro variáveis – produto ou serviço/modelo de distribuição/nicho de mercado/forma de monetização. A partir daí você mantém uma delas fixa e começa a elaborar hipóteses.

Eu acho que se mantivermos _____, mas mudarmos _____, então aconteceria _____.

A partir daí, você pode gerar várias hipóteses. Por exemplo:

- Eu acho que se mantermos o produto, mas mudarmos a forma de monetização, então aconteceria um aumento expressivo no número de clientes, ou...
- Eu acho que se mantermos o modelo de distribuição, mas mudarmos o nicho de clientes, então aconteceria que começaríamos a vender para não clientes.

4º Passo – Plano de Experimentação

- Desenvolva novos experimentos com as seguintes práticas: protótipo & MVP (mínimo produto viável); experimento enxuto; aprendizado veloz e perseverar ou pivotar.

Existem muitas possibilidades de monetização/formas a sua disposição para redefinir seu modelo de negócio: Assinatura; *Marketplaces* & plataformas; Freemium; Pague quanto quiser, *pay as you want*; Vendas diretas; Vendas indiretas; Vendas de dados; Agregação de demandas; Franquias; Leilão reverso; Comissionamento; Saas – *software* como serviço; Aluguel; Fracional; Media & propaganda; *Bundled* etc.

Experimentar dá resultados!
Se você dominar a arte e ciência da experimentação enxuta, elevará sua empresa a outro patamar. Busque Experimentos BBB: Bons, Bonitos e Baratos.

Existe um índice para avaliar os resultados das empresas que mais realizam experimentos.

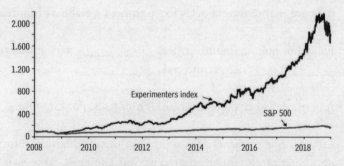

Fonte: Experimentation Works by Stefan Thomke – HBR.

A análise foi preparada por James Zeitler, da Baker Research Services da Harvard Business School, usando dados do S&P 500 da Bloomberg. Ele começou com um nível básico de 100 na data-base de 2 de janeiro de 2008. Entre as empresas que possuem desempenho muito superior pelo uso da experimentação, estão Amazon, ETSY, Facebook, Google, Microsoft, Netflix etc.

Uma última dica, sempre utilizo as seguintes reflexões com a minha equipe para gerar novas hipóteses: e se (e se fizéssemos isso?), por que não (por que não testar essa nova ideia?) e como faríamos (como faríamos para testar essa nova ideia?).

OS CAMINHOS DO CRESCIMENTO

Como usar a criatividade que já existe na empresa para inovar e encontrar novas fontes de crescimento? Como vimos, a capacidade de uma organização para testar e aprender com experiências é o que dará a essa organização a capacidade de prosperar na Nova Economia.

A Gestão do Crescimento não é um evento, é um processo contínuo. O crescimento é mudança; requer aprendizado constante; requer disciplina e priorização; cria riscos empresariais; é a constante melhoria e escalonamento.

Três consultores da McKinsey queriam descobrir o que estava por trás das empresas que mais crescem no mundo. Como resultado da pesquisa, foi escrito o livro *A alquimia do crescimento*[3], baseado nas experiências das trinta empresas que mais cresciam no mundo. Ele nos fornece uma poderosa metodologia para compreensão e preparação para sustentar o crescimento lucrativo, que, ano após ano, é o objetivo de toda companhia, mas ainda muito poucas conseguem alcançá-lo. O segredo é gerenciar as oportunidades de negócio de acordo com três pontos de vista: estendendo e defendendo os negócios, construindo novos empreendimentos e semeando opções para negócios futuros. Analisando como as empresas bem-sucedidas administraram e implementaram suas estratégias de crescimento, os autores descobriram que o grande crescimento é alcançado através de uma série de passos programados, que proporcionarão um

---

3 *A alquimia do crescimento*, Mehrdad Baghai, Stephen Coley, David White. Editora Record, 2000.

crescimento sequencial, cujos resultados podem ser extraordinários. Existem sete caminhos para as empresas crescerem, do mais simples ao mais complexo. Vejamos agora esses caminhos para que possa selecionar os que mais se adaptam ao seu negócio.

OS SETE CAMINHOS DO CRESCIMENTO

1. Potencializar Clientes Atuais;
2. Atração de Novos Clientes;
3. Inovação de Novos Produtos e Serviços;
4. Inovação no Modelo de Negócio;
5. Aquisição de Outras Empresas do Mesmo Setor de Atividade;
6. Expansão Geográfica;
7. Novos Negócios.

1 - Potencializar Clientes Atuais

O primeiro caminho para crescer é vender maiores quantidades da atual gama de produtos e serviços aos clientes já existentes. O que verificamos nos nossos relacionamentos com as empresas é que este caminho para crescer pode ser muito mais aproveitado do que vem sendo atualmente. Poucas empresas mantêm um cadastro eficiente dos seus clientes atuais, e quando o possuem, não utilizam a riqueza de dados que esse cadastro pode trazer para o crescimento da empresa. A empresa deve necessariamente gerenciar e utilizar as informações contidas nesse banco de dados para o aumento das suas vendas. Evoluindo esse cadastro, uma ação muito importante que as empresas deverão realizar para percorrer este caminho é a implantação de um sistema de gerenciamento do relacionamento com o cliente, o famoso CRM – *Customer Relation Manegement*. Pois, como já vimos, conhecer os clientes, seus desejos, suas expectativas, suas necessidades, colocar-se no lugar do cliente, é uma das lições de empresas que conseguiram crescer em mercados extremamente competitivos.

Algumas análises que deverão ser feitas para melhor aproveitar os benefícios e percorrer o Caminho Melhor Aproveitamento dos Clientes Existentes são:

- Qual o valor médio do seu tíquete/nota fiscal?
- Qual o valor médio de itens por *ticket*/nota fiscal?
- Qual a taxa de conversão da sua equipe de vendas?
- Qual o grau de satisfação dos seus clientes?
- Qual o índice de fidelidade dos seus clientes atuais?
- Nós conhecemos os nossos clientes?
- Nosso investimento na equipe de vendas é adequado?
- Estamos com tamanho e estrutura corretos?
- Nosso pessoal é realmente bom?

Depois dessa análise é identificar em quais pontos a sua empresa precisa melhorar, traçar e implantar um plano de ação que assegure a melhoria contínua desses fatores. Pois, segundo dados de pesquisas da consultoria Bain & Company, custa cinco vezes mais caro conquistar um novo cliente do que manter um já existente.

2 - O segundo caminho é Atração de Novos Clientes

A Atração de Novos Clientes é o segundo caminho para o crescimento – ainda deixando de lado novas linhas de produtos. Ampliar a base de clientes tem sido um dos caminhos do crescimento utilizados por várias empresas, pois, com ele, os produtos e serviços da empresa tornam-se conhecidos por uma gama maior de clientes, o que gera o boca a boca e consequentemente maior participação no mercado.

Algumas análises que deverão ser feitas para percorrer o Caminho Atração de Novos Clientes são:

- Qual o percentual de venda para novos clientes da nossa empresa?
- Temos conseguido atrair novos clientes dentro do nosso FOCO?
- Qual a estratégia que temos utilizado para atrair novos clientes?

- Quais são as necessidades não atendidas pelos concorrentes?
- Compreendemos os mercados e os seus segmentos?

Da mesma forma que no primeiro caminho, você, depois dessa análise, deverá identificar em quais pontos a sua empresa precisa melhorar, traçar e implantar um plano de ação que assegure a melhoria contínua desses fatores para conseguir êxito nesse caminho.

3 - O terceiro caminho é Inovação de Novos Produtos e Serviços
Este é um dos caminhos mais comuns para o crescimento. Agregar novos produtos e serviços ao *mix* da empresa tem sido um caminho bastante utilizado pelas empresas para conseguir crescer.

Algumas análises que deverão ser feitas para percorrer o Caminho Inovação de Novos Produtos e Serviços são:

- Que extensões ou modificações poderiam ser feitas nos produtos e serviços existentes para preencher lacunas em nossa cobertura de mercado?
- Temos introduzido novos produtos e serviços na nossa empresa nos últimos três meses?
- Que tipo de necessidade do cliente nosso atual produto ou serviços satisfaz, e qual é o produto ou serviço ideal para satisfazer aquela necessidade?
- Basicamente, que novos produtos ou serviços poderiam ser desenvolvidos para satisfazer alguma demanda latente ou emergente?
- Como está a curva de vitalidade dos nossos produtos e serviços? Quais são as VACAS LEITEIRAS e quais são as ESTRELAS?
- Existe algum produto ou linha de produtos que possa ser comprado ou que possamos patentear, para complementar nossas linhas atuais?
- Estamos dedicando tempo para INOVAÇÕES?

Da mesma forma que no primeiro caminho, você, depois dessa análise, deverá identificar em quais pontos a sua empresa precisa melhorar, traçar e implantar um plano de ação que assegure a melhoria contínua desses fatores para conseguir êxito nesse caminho.

4 - O quarto caminho para o crescimento é Inovação no Modelo de Negócio

Este caminho para o crescimento propõe que a empresa promova uma inovação no modelo de negócio atual para que ela possa crescer. Percorrer esse caminho significa inovar na forma de atender os clientes; ou inovação nos canais de distribuição; e reformulação do sistema de fornecimento-entrega de forma a melhorar prazos de entrega, custos e qualidade. As empresas de sucesso sabem identificar o potencial de reformar seu modelo de negócio, ou seja, sua cadeia de valor, ou, ainda, a forma de gerar e distribuir produtos e serviços.

Algumas análises que deverão ser feitas para percorrer o Caminho Inovação no Modelo de Negócio são:

- Que novos canais de venda ainda precisamos explorar (venda direta, canais eletrônicos, novos distribuidores)?
- Existem canais alternativos para os produtos existentes? Um canal direto e viável no momento?
- É possível reformular o sistema de fornecimento-entrega de forma a melhorar prazos de entrega, custos e qualidade?
- Nós temos inovado o modelo do nosso negócio? O que fizemos?

Da mesma forma que no primeiro caminho, você, depois dessa análise, deverá identificar em quais pontos a sua empresa precisa melhorar, traçar e implantar um plano de ação que assegure a melhoria contínua desses fatores para conseguir êxito nesse caminho.

5 - O quinto caminho para o crescimento é Aquisição de Outras Empresas do Mesmo Setor de Atividade

Este caminho é bastante utilizado pelas empresas de crescimento rápido. Adquirir empresas do mesmo setor de atividade proporciona um crescimento rápido, porém a empresa que percorre esse caminho deve ter uma estratégia muito bem definida para que a fusão das empresas não gere falta de alinhamento e foco. Empresas diferentes possuem culturas totalmente diferentes, e integrar as pessoas da empresa que foi adquirida é um dos fatores críticos de sucesso para uma aquisição bem-sucedida. Porque se houver falta de alinhamento organizacional os ganhos desse caminho serão bem menores do que potencialmente seriam.

Algumas análises que deverão ser feitas para percorrer o Caminho Aquisição de Outras Empresas do Mesmo Setor de Atividade são:

- Temos dedicado tempo a refletir sobre esse assunto?
- Quais são os nossos concorrentes que nós teríamos interesse e probabilidade de adquirir? Essa aquisição agregaria valor?

6 - O sexto caminho para o crescimento é a Expansão Geográfica

A Expansão Geográfica é o sexto caminho que uma empresa pode percorrer para crescer. Este caminho tem vários benefícios, tais como: ter uma maior participação no mercado e atrair novos clientes. Porém, para que essa caminhada tenha sucesso, a empresa precisa de um sistema de controle consolidado e definir uma estratégia de comprometimento e padronização das suas operações. Várias empresas encontraram no modelo de franquias a solução para implementar esse caminho do crescimento, pois a franquia requer o comprometimento do franqueado com o negócio e possui um sistema estruturado de padronização. Outras empresas utilizam a estratégia de promover à condição de sócio minoritário um membro da sua equipe de líderes que se destaca. Note que essa estratégia também trabalha o comprometimento com o negócio, porque o novo sócio é agora também dono do negócio e já possui a cultura da empresa.

Algumas análises que deverão ser feitas para percorrer o Caminho Expansão Geográfica são:

- Existem oportunidades de desenvolver pontos de distribuição nos territórios atuais?
- Quais são as novas localizações ainda não exploradas por nossa empresa?

- Existe oportunidade de penetrar regiões ainda com oferta reduzida?
- É possível explorar as vantagens do custo ou da qualidade de produção com a exportação?
- Em que outros mercados nosso modelo empresarial poderia ser explorado?
- Quais seriam aqueles que trariam retorno positivo? Já fizemos um estudo sobre essas localidades?

7 - O sétimo e último caminho para crescer é a criação de Novos Negócios

Este caminho baseia-se no crescimento baseado na busca de oportunidades ao longo da cadeia de valor. Percorrer este caminho significa buscar crescer por meio de um dos mais desafiadores caminhos para o crescimento e requer um cuidado muito especial. Embora muitas empresas tenham conseguido diversificar e prosperar com esse método, há um número significantemente maior de empresas para as quais esse método foi uma verdadeira catástrofe, chegando em alguns casos a representar a falência da empresa. Isso não quer dizer que este caminho não seja uma das formas viáveis para o crescimento. Na verdade, quer dizer que para percorrer este caminho os cuidados que sua empresa deverá ter serão bem maiores, pois a diversificação implica em viajar em mares nunca dantes navegados. Por isso é muito importante conhecer com profundidade os detalhes da indústria-setor que a empresa está diversificando.

Algumas análises que deverão ser feitas para percorrer o Caminho Novos Negócios são:

- Quais são as oportunidades ao longo da cadeia de valor, integrando-se verticalmente para criar vantagens competitivas?
- Quais as oportunidades que a nossa empresa poderia estar aproveitando?
- É possível que nossas técnicas empresariais possam ser utilizadas em outras indústrias?
- Temos bens peculiares que poderiam ser utilizados para gerar novos negócios?

- Alguns de nossos relacionamentos podem ser utilizados para nos dar acesso a novos negócios?

Portanto, para todos aqueles que querem fazer suas empresas crescerem, esses são os Sete Caminhos possíveis. Alguns podem perguntar: mas se é tão simples assim, por que muitas empresas não conseguem crescer?

Existem algumas razões para que isso ocorra. Primeiro, os líderes das empresas desconhecem os Sete Caminhos para o Crescimento. Segundo, se conhecem, não dedicam tempo a isso. Terceiro, não assumem a responsabilidade, o papel, e não administram a pauta do crescimento. Quarto, não possuem a vontade e a determinação de crescer. Quinto, não estruturam sua empresa para o crescimento.

GROWTH HACKING

Quero compartilhar com você as duas últimas metodologias para proporcionar o crescimento da sua empresa, que são o *Growth Hacking* e o *Blitzscalling*.

Growth Hacking é uma estratégia que revoluciona a gestão de vendas, aquisição e retenção de clientes. Sean Ellis, o criador dessa metodologia, assim a define: *marketing* orientado a experimentos. O objetivo é encontrar oportunidades visando resultados rápidos para o crescimento (*growth*) da empresa. Crescer, crescer, crescer! Essa é a obsessão da maioria das empresas, especialmente aquelas que estão iniciando suas operações. Como então potencializar esse crescimento? É para isso que serve o *growth hacking*. Três tópicos que veremos:

- O conteúdo como estratégia de engajamento;
- A relação performance e ferramentas;
- Como criar a máquina de vendas.

O amigo consultor Renato Mendes, autor do livro *Mude ou morra*[4],

---

4 *Mude ou morra: tudo que você precisa saber para fazer crescer seu negócio e sua carreira na nova economia*, Renato Mendes e Roni Cunha Bueno. Editora Planeta Estratégia, 2018.

compartilha cinco Aprendizados de *Growth* que ele teve com Gabriel Costa, o Mineiro. Vamos vê-las.

1 – A Mentalidade de *Growth*

O primeiro passo é adotar a mentalidade de *Growth*: testes, testes e mais testes! Poucas certezas, muitas perguntas e testes com clientes para saber o que realmente faz sentido. Tudo isso o mais rápido possível.

2 – Busque os melhores clientes

No *marketing* de *performance*, tendemos a focar em métricas de *marketing* – como custo por *lead* (CPL), custo por *view* (CPV). Na visão de *Growth*, o olhar tem que ser mais amplo, resultado de negócio. Nem sempre as campanhas que trazem mais clientes são as que trazem os melhores clientes. O melhor cliente é aquele que é mais rentável ao negócio. Às vezes compensa pagar 30% a mais no *lead*, pois esse *lead* vai trazer para você muito mais receita lá na frente.

3 – Mais vendidos ou mais rentáveis?

Mineiro dá um excelente exemplo de resultado obtido com o *growth*, que ele detalhou bem na *live*: diminuiu o custo de aquisição de cliente (CAC) em 85%, atraiu clientes que pagavam duas vezes e diminuiu o *pay back time* do cliente de 10 meses para... 15 dias!

Isso me lembrou de algo que a gente discute no *e-commerce*: produtos mais vendidos vs. produtos mais rentáveis, além da lógica de aquisição vs. fidelização.

4 – *Growth* nunca foi tão necessário

A escassez é a mãe da criatividade. O momento de crise força as pessoas a serem mais criativas, a fazer mais testes, a fazer mais com menos. As empresas vão ser muito mais diligentes com despesas, e o *Growth* acelera esse processo.

5 – A magia está na simplicidade

As pessoas (e empresas) tendem a querer sofisticar muito as coisas, mas muitas vezes é o arroz com feijão que vai realmente entregar os melhores resultados. Faça as perguntas certas, tenha uma boa infraestrutura de dados e gaste tempo olhando para o negócio. Aposte no simples e eficiente. A simplicidade funciona.

6 – Explore as oportunidades

Foco é importante. Defina sempre as duas ou três coisas que você precisa pegar para destruir – e foque para realizá-las com maestria. É fundamental manter a paz de espírito mesmo no caos. Sim, alguns pratinhos vão cair eventualmente. Eu contei uma história minha na Netshoes, quando um membro do conselho me disse: "Renato, você está fazendo 10 coisas nota 6. Eu preciso que você faça 6 coisas nota 10". Disse tudo. Valeu, Renato, pelos aprendizados!

CAPÍTULO 11:
LIDERANDO DIANTE DE UMA NOVA REALIDADE

O que os líderes podem fazer em toda a empresa para que as coisas certas aconteçam?

SERÁ O FIM DA LIDERANÇA?

Liderar em tempos de grandes mudanças é como montar um quebra-cabeça de 1.000 peças sem ter a tampa da caixa. Como liderar uma empresa na Nova Gestão? Como ter o perfil do líder necessário para direcionar a empresa para ser ambidestra? Como liderar uma empresa na qual não existe mais o comando, cobrança e controle? Como liderar empresas conectadas que são redes vivas que aprendem e vivem no interior de redes maiores? Sabendo que o poder nas redes é proveniente de conhecimento da situação e influência, e não de controle. Não existe dúvida, nesta Nova Economia, nesta Nova Gestão, precisamos de um Novo Líder!

Uma empresa conectada é uma rede de unidades semiautônomas, frouxamente acopladas. Então qual é a função de um líder?

Neste novo contexto, o desafio do líder é criar um ambiente de transparência, confiança e propósito compartilhado para que as pessoas saibam o que a empresa defende e como ela pretende cumprir sua promessa junto aos clientes, enquanto a gestão foca na concepção e no ajuste do sistema que dará suporte ao aprendizado e ao bom desempenho. E depois deve sair do caminho.

"A primeira tarefa da liderança é transmitir a visão e os valores de uma organização. Em segundo lugar,

> os líderes devem conquistar apoio para a visão e os valores que articulam. E, em terceiro, os líderes devem aplicar essa visão e esses valores."
> **(Frederick, fundador, presidente e CEO da FedEx)**

LIDERANÇA tem relação com envolvimento e motivação das pessoas. Gerenciamento diz respeito à concepção e operação dos sistemas que organizam o trabalho. Peter Drucker disse: "Gerenciamento é fazer as tarefas corretamente. Liderança é fazer as tarefas corretas".

> "O melhor executivo é aquele que tem bom senso suficiente para escolher boas pessoas que façam o que ele quer que seja feito e tem autocontrole para não os atrapalhar enquanto o fazem."
> **(Theodore Roosevelt, 26º Presidente dos EUA)**

Em momentos de incerteza, quanto mais rápido você puder aprender e manobrar para agarrar oportunidades, maior será sua vantagem, e a sua Regra número 1 deve ser: atraia pessoas competentes, pois isso resolve metade dos problemas.

Hoje, as empresas enfrentam tensões criadas pelos clientes e pelo ambiente. Tensão é a diferença onde você está e onde quer estar. Tensões Adaptativas forçam a se adaptar ou morrer. O problema em muitas empresas é que os funcionários são isolados das tensões adaptativas. Não têm senso de urgência. O líder tem que trazer essas tensões e transformá-las no tópico de constantes conversações, que possam senti-las e motivá-las para agir.

Os líderes na Nova Gestão são bons ouvintes e sintetizadores com a linha de frente. São conectores e construtores de sistemas, e não controladores. Entendem que a empresa é um campo de aprendizado, eles se movem e polinizam a empresa com ideias, energia e emoção.

E, para isso, eles utilizam sua Influência – que é dar significado e autoridade moral ao Propósito. Você deve deixar muito claro o que você defende. Fazer valer que os princípios triunfam sobre processos e ter confiança para construir relacionamentos. Gerenciar a empresa conectada consiste em conceber e operar sistemas que dão suporte à empresa para que ela alcance o seu propósito.

UM NOVO TRABALHO: O CONTEXTO ATUAL

Já vimos que nesta nova realidade temos que ser eternos aprendizes. E como fazer com que toda a nossa equipe busque o *lifelong learning*?

Todo aprendizado em grupo começa em um nível individual. Temos dois tipos de conhecimento em uma organização. O conhecimento explícito, que pode ser contabilizado, quantificado, documentado e facilmente compartilhado, e o conhecimento tácito, que inclui elementos difíceis de serem mensurados e compartilhados, como *expertise*, *know-how* técnico, relacionamentos informais, intuição, modelos mentais, crenças e confiança.

A única maneira pela qual o conhecimento tácito pode ser amplamente compartilhado é traduzindo-o em conhecimento explícito – uma tarefa muito difícil, que poucas empresas conseguiram dominar. Uma maneira de resolver esse problema é com a aprendizagem.

O problema na maioria das organizações hierárquicas é que a maior parte do foco está na medição do conhecimento explícito – elementos que são facilmente contados e quantificados. Isso significa que a maior parte do conhecimento e do aprendizado verdadeiros na organização é removida à medida que as informações são abstraídas em números e se movem para cima no organograma. Quando a informação alcança o topo, os líderes do alto escalão podem ver somente os resultados e não têm entendimento mais profundo sobre o que está acontecendo nas bordas, na linha de frente.

Apesar disso, os líderes geralmente acham que, com base nesses números abstratos, eles são mais qualificados para tomar decisões do que as pessoas que estão na linha de frente lidando com as situações dos clientes diariamente.

Organizações hierárquicas têm dificuldades em aprender porque seu foco em informações explícitas, que são facilmente contadas e processadas, faz com que fique fácil ignorar o verdadeiro conhecimento organizacional que existe na base.

Quando a situação muda rapidamente, o aprendizado deve acompanhar. Porém nem tudo muda na mesma velocidade. Há mudanças que são muito mais lentas que outras. O truque para conceber uma empresa da Nova Economia é pensar em camadas de ritmos, organizando as camadas para que tenham máxima flexibilidade e capacidade de adaptação. Nas áreas em que há mudança e variação, você deve ser flexível e adaptativo a mudanças. Nas áreas em que há poucas mudanças e variabilidade, você vai querer encontrar maneiras de criar plataformas estáveis e confiáveis para dar suporte às camadas mais altas da hierarquia de camadas de ritmos.

OS DESAFIOS PARA OS LÍDERES: A TRANSFORMAÇÃO EXIGE CADA VEZ MAIS

"A verdadeira medida de um homem não é como ele se comporta em momentos de conforto e conveniência, mas como ele se mantém em tempos de controvérsia e desafio". Essa frase foi dita pelo ganhador do Nobel da Paz em 1964 e ativista contra o racismo nos Estados Unidos, Martin Luther King. O mundo de hoje de tantas incertezas e desafios requer um novo líder.

As habilidades mais requeridas neste momento são essencialmente humanas. O tipo de liderança que o mundo pede nos dias atuais é alguém que, como um professor, ilumina o caminho e ensina seus alunos a não temerem o erro. Nesta nova realidade, na qual as empresas precisam ser ambidestras, cuidando da sobrevivência e da necessidade de adaptar e preparar a empresa para o futuro e, ao mesmo tempo, cuidar das demandas e anseios da equipe, você como líder empresarial tem grandes desafios.

Coragem e Sensibilidade, Coerência e Presença, Esperança e Gratidão passam a fazer parte dos líderes que adotam a Nova Gestão.

OS PRINCIPAIS PAPÉIS DOS LÍDERES

Alan Mullaly, conhecido executivo que fez a reviravolta na Ford no início dos anos 2000, refere-se ao papel do líder entre os times como o de "facilitador". Já o general Stanley McChrystal, autor do *best-seller Teams of Teams*, fala que o papel do líder é criar o que ele chama de "consciência compartilhada".

Em um contexto de volatilidade como o que vivemos hoje, Jeff Bezos afirma que enxergar a aproximação de um ponto de inflexão não costuma ser o maior desafio. Entender as implicações do ponto de inflexão sobre procedimentos até então inquestionáveis e direcionar a empresa para os próximos futuros, e conduzi-la nessa linha, são as ações que possibilitarão atravessar o ponto de inflexão e sair mais forte.

Rita McGrath explana: "Despertar a coragem nas pessoas – e fornecer-lhes metodologias para que se envolvam numa aprendizagem acelerada mesmo diante da incerteza – é algo que só terá o impacto esperado se a equipe sênior estiver por trás... Um aspecto universal da liderança é este: o foco de atenção do líder tende a ser o foco de atenção da organização".

Já Gail Goodman, executiva de *startup* de sucesso, fala que "como líder, onde você está gastando seu tempo é uma das decisões de investimento mais importantes que você pode tomar... e a qualidade da equipe de liderança que você consegue reunir é o fator de maior influência no sucesso de seu negócio. O ponto que quero salientar, porém, é que não se trata apenas dos indivíduos, mas também da qualidade deles como grupo".

O alinhamento deve ser em relação à estratégia – quem vocês estão servindo, que problemas vocês estão resolvendo e qual o diferencial competitivo exclusivo; cultura – inclui visão, propósito e valores; e prioridades-chaves – é ter certeza do que realmente importa no negócio e da ordem de prioridades.

> "É melhor fazer duas ou três coisas do jeito certo do que fazer oito de qualquer jeito."
> **(Gail Goodman)**

Para finalizar este tópico, a professora McGrath resume as principais lições de liderança no seu livro *Inflexão estratégica – como enxergar além e se antecipar a mudanças que podem alterar os rumos do seu negócio*.

Principais lições
Os líderes que conduzem com sucesso uma organização através de pontos de inflexão abrem caminho para que a energia, as conexões e os talentos da organização fluam e, ao mesmo tempo, fornecem diretrizes claras.

- Enxergar um ponto de inflexão no horizonte é apenas o primeiro passo. Na sequência, para cruzá-lo, você precisa definir a direção a ser tomada e mobilizar a organização;
- Invista tempo para manter os principais executivos na mesma página e trabalhando juntos; a falta de alinhamento tornará seus esforços difusos. A questão não é tanto o talento dos indivíduos, mas como eles trabalham juntos;
- Ter clareza sobre a estratégia, conhecer o porquê de suas ações, estabelecer prioridades decisivas: esses não são pontos opcionais, são obrigatórios;
- Na ausência de *feedbacks* honestos, é muito mais fácil perder o rumo. Você não tem tempo a perder com o que não seja absolutamente franco e brutalmente honesto;
- O papel do líder não é mais comandar e formular, mas sim definir as premissas e julgar, avaliar;
- Aproxime ao máximo as decisões das bordas, da linha de frente;
- Simplifique a complexidade: crie uma palavra de ordem com a qual todos se identifiquem;
- Como líder, talvez você deva se preparar cada vez mais para agir em tempos de guerra.

AS PRINCIPAIS COMPETÊNCIAS QUE ALAVANCAM O DESEMPENHO

O desempenho organizacional é fundamental para que a empresa tenha relevância na Nova Economia. Mas quais são as principais competências que você deve desenvolver?

Uma dica antes de você começar a identificar e mapear as competências necessárias: é preciso que você identifique as competências que o seu negócio precisa. Isso varia de negócio para negócio e de acordo com o posicionamento de cada um.

A consultoria Egon Zehnder sugere a avaliação no domínio de oito competências de liderança. E descobriu que quatro traços – curiosidade, *insight*, envolvimento e determinação – predizem até que ponto os líderes progredirão. Elas são: orientação para resultados; orientação estratégica; colaboração e influência; liderança de equipe; desenvolvimento de capacidade organizacional; liderança para a mudança; compreensão do mercado; inclusão.

A tabela na próxima página deve ser utilizada como instrumento para mapear os seus *gaps* e de sua equipe de líderes, para posteriormente implementar um programa de desenvolvimento.

CAPÍTULO 11

	1	2	3	4	5	6	7
Orientação para resultados Previsto por • Determinação • Curiosidade	Completa as atribuições	Trabalha para tornar as coisas melhores	Atinge metas	Ultrapassa as metas	Melhora as práticas de desempenho da empresa	Redesenha as práticas para resultados avançados	Transforma o modelo de negócios
Orientação estratégica Previsto por • Insight • Curiosidade	Entende questões imediatas	Define planos dentro de uma estratégia mais ampla	Estabelece prioridades anuais	Define estratégias anuais para a sua própria área	Muda a estratégia de negócios em várias áreas	Cria estratégia corporativa de alto impacto	Desenvolve estratégias corporativas avançadas
Colaboração e influência Previsto por • Envolvimento • Determinação • Curiosidade	Responde aos quesitos	Apoia os colegas	Envolve-se ativamente com os colegas	Motiva os outros a trabalhar consigo	Facilita a colaboração entre membros do grupo	Estabelece cultura corporativa	Forja parcerias transformacionais
Liderança de equipe Previsto por • Envolvimento • Curiosidade	Dirige o trabalho	Explica o que e por quê	Obtém input da equipe	Inspira comprometimento da equipe	Empodera equipes para trabalhar independentemente	Motivas equipes diversas	Cria cultura de alto desempenho
Desenvolvimento de capacidade organizacional Previsto por • Envolvimento • Insight • Curiosidade	Apoia esforços de desenvolvimento	Encoraja outros a se desenvolver	Apoia ativamente o crescimento dos membros da equipe	Cria sistematicamente capacidade da equipe	Ajuda o desenvolvimento fora da equipe	Cria capacidade organizacional	Instila cultura focada na gestão de talentos
Liderança para a mudança Previsto por • Envolvimento • Determinação • Insight • Curiosidade	Aceita mudanças	Apoia mudanças	Mostra as necessidades de mudança	Defende a mudança convincentemente	Mobiliza outros a iniciar a mudança	Cria o momentum para mudança em toda a empresa	Engendra a cultura para a mudança
Compreensão do mercado Previsto por • Envolvimento • Insight • Curiosidade	Conhece o contexto imediato	Conhece os fundamentos do mercado geral	Investiga o mercado e a dinâmica do consumidor	Entende profundamente o mercado	Gera insights sobre o futuro do mercado	Identifica oportunidades de negócios emergentes	Vê como transformar a indústria
Orientação estratégica Previsto por • Insight • Curiosidade	Aceita diferentes pontos de vista	Entende visões divergentes	Integra os pontos de vista dos outros	Transita bem pela diversidade de grupos	Facilita o engajamento entre grupos	Aumenta estrategicamente a diversidade dos funcionários	Cria uma cultura inclusiva

Lembre-se de que as missões (tarefas/objetivos) que os líderes receberão exigirão competências diferentes.

> "Liderança é definida por resultados
> e não por atributos."
> **(Peter Drucker)**

CUIDANDO DO PRESENTE E CONSTRUINDO O FUTURO

Não é uma questão de se, mas quando e como sua empresa precisará fazer as mudanças para sobreviver e prosperar. As empresas mais bem-sucedidas terão de ser ambidestras, inovando e reduzindo custos ao mesmo tempo. E existe uma pergunta-chave para você se fazer: "Eu estou pronto para uma ação que me ponha em risco?"

O mundo exponencial precisa de líderes disruptores. Certezas ajudam a ver o futuro. Incertezas ajudam a construir o futuro. Vamos construir o futuro!

Os 7 Princípios da Nova Economia:

1. Cultura do cliente - foco do cliente
2. Sim, é possível - inconformismo
3. O novo sempre vem - velocidade
4. Vamos errar - erre rápido
5. Postura de dono - vá além
6. Viva bem no desconforto - vai doer
7. Foco e obsessão - disciplina

**Renato Mendes,
autor do livro "Mude ou morra"**

APÊNDICE

DIAGNÓSTICO DA NOVA GESTÃO

O Diagnóstico da NOVA GESTÃO mostra como a sua empresa pode navegar e aproveitar oportunidades em um mundo de disrupções. O modelo de gestão atual ainda é baseado em uma lógica antiga, herdada da era industrial. O fato é que não dá para pensar no futuro com a cabeça de hoje. Não dá para usar os mapas atuais para chegar a destinos desconhecidos. PRECISAMOS DE UM NOVO MODELO. Nasce a Nova Gestão!

Claro que é muito mais fácil iniciar uma nova organização do que reinventar uma organização tradicional. Esperamos que a Nova Gestão seja uma bússola para auxiliar executivos a transformarem suas organizações. Como líder empresarial você precisará desenvolver uma nova organização, redefinindo como sua empresa trabalha.

O Diagnóstico A NOVA GESTÃO vai permitir você avaliar sua empresa nos novos princípios da Nova Economia, assim você poderá saber o nível de aderência da sua organização bem como permitir que você implemente práticas de gestão e prepare sua empresa para a Nova Economia. O principal objetivo é identificar quais são os principais desafios e gargalos para garantir a sobrevivência, crescimento e longevidade da empresa.

O objetivo desta autoanálise é ajudar você e sua equipe a estabelecer prioridades e cursos de ação. Para aplicação do diagnóstico, sugerirmos:

1. As questões devem ser respondidas pelos líderes da empresa, de forma individual;
2. O diagnóstico deve ser respondido considerando-se o momento atual da empresa e suas características e práticas atuais, e não o que seria ideal;

3. As questões representam práticas e comportamentos característicos das empresas da Nova Economia, sendo avaliadas em uma escala de concordância/discordância de cinco pontos. Desde Discordo Totalmente a Concordo Totalmente em relação à afirmação;
4. As respostas individuais deverão depois ser discutidas de forma comparada pela equipe, avaliando-se as convergências e disparidades existentes entre elas;
5. No caso de disparidades, deve-se chegar a um consenso sobre o escore que melhor represente a realidade da empresa, se não houver consenso pode-se utilizar a média das respostas.

Acesse aqui nossa plataforma para iniciar sua trajetória para rumo a adaptar sua empresa a Nova Economia, adotando a NOVA GESTÃO.

Eduardo Gomes de Matos